大川隆法

Ryuho Okawa

温家宝守護霊が語る
大中華帝国の野望

同時収録 金正恩守護霊インタヴュー

まえがき

ついにやるべきことをやったという気持ちだ。

中国の温家宝《おんかほう》首相の本心に迫《せま》ってみた。

本年一年の公開霊言シリーズの愛読者なら、私が温家宝首相の守護霊を招《よ》び出《だ》せることも、その本心を聞き出せることも、すでにご存知だろう。日本の今後の国家戦略を立てるにあたっては、まことに価値の高い一冊である。

また同時に、北朝鮮の三代目に確定した金正恩《キムジョンウン》氏の実像にも迫った。私がジャーナリストだったらピューリッツァー賞ものだろう。国民の知る権利に応えたつもりだ。そして全世界の平和を愛する人々へのメッセージを込めたつもりである。

二〇一〇年　十月二十一日

幸福実現党創立者兼党名誉総裁《こうふくじつげんとうそうりつしゃけんとうめいよそうさい》　大川隆法《おおかわりゅうほう》

温家宝守護霊が語る　大中華帝国の野望　目次

第1章　温家宝《おんかほう》の本心に迫《せま》る

――温家宝守護霊《しゅごれい》の霊言《れいげん》――

二〇一〇年十月十三日　霊示

第2章　北朝鮮《きたちょうせん》の未来を予想する

――金正恩《キムジョンウン》守護霊の霊言――

二〇一〇年十月十三日　霊示

8　金正恩守護霊は何者か　243

第1章

温家宝《おんかほう》の本心に迫《せま》る

――温家宝守護霊《しゅごれい》の霊言《れいげん》――

二〇一〇年十月十三日　霊示

温家宝《おんかほう》（一九四二〜）

中華《ちゅうか》人民共和国の政治家。一九八〇年代、胡耀邦《こようほう》総書記に抜擢《ばってき》され、要職を歴任したのち、一九九八年、朱鎔基《しゅようき》首相（国務院総理）の下《もと》で副首相（国務院副総理）に選任された。二〇〇二年、党中央政治局常務委員に選出され、二〇〇三年の胡錦濤《こきんとう》政権発足《ほっそく》に伴《ともな》い、首相に就任した。

質問者

立木秀学《ついきしゅうがく》（幸福実現党党首）

綾織次郎《あやおりじろう》（「ザ・リバティ」編集長）

［役職は収録時点のもの］

1 時の人・温家宝《おんかほう》の人物を見極《みきわ》める

「守護霊《しゅごれい》インタヴュー」は、ジャーナリズム的にも正しいアプローチ

大川隆法　昨年（二〇〇九年）は、北朝鮮《きたちょうせん》が非常に大きな問題でしたが、今年は、中国がクローズアップされてきています。

私の「公開霊言《れいげん》シリーズ」でも、胡錦濤守護霊《こきんとうしゅごれい》や鄧小平《とうしょうへい》等の霊言は、すでに世に問うておりますが（『国家社会主義とは何か』第3章、『アダム・スミス霊言による「新・国富論」』第2章〔共に幸福の科学出版刊〕参照）、盲点《もうてん》というか、忘れていた温家宝《おんかほう》首相が、俄然《がぜん》、世界の注目を集めるようになってきました。

彼の顔写真が、英文雑誌「タイム」の表紙（二〇一〇年十月十八日号）にもなっており、そのくらい「時の人」であることは間違《まちが》いありません。

尖閣《せんかく》諸島事件の対応や、レアアースの輸出停止、日本人の逮捕《たいほ》などの動き、さらに

は、ヨーロッパを回って中国との取り引き拡大を訴《うった》えかけるなど、今、ちょっと考えられないほど積極的な動き方をしております。

幸福実現党のほうでも、沖縄《おきなわ》の基地問題等の関係で、「対中国政策」を訴えかけています。政治活動としては、今のところ、そのようにやっていますが、あくまでも、この世の情報に基づいている面も多いので、やはり、宗教の強みを生かして、話題の中心である温家宝の本心に迫《せま》るべきではないかと考えます。どういう人物なのかを見《み》極《きわ》めた上で、今後の対策、戦略を立てるべきではないかと思うのです。

これは、ジャーナリスティックに見ても、まさしく正しいアプローチだと思います。新聞社やテレビ局であっても、もし、温家宝の本心に斬《き》り込《こ》むインタヴューができるなら、やってみたいことでしょうが、当然ながら、そう簡単に実現はしません。たとえ、インタヴューが認められたとしても、それは、内容を制限されて、儀礼的《ぎれいてき》なことしか訊《き》けないでしょう。

その意味では、温家宝の本心に斬り込み、迫ることができるのであれば、むしろ、マスコミのほうから当会にお願いに来てもよいぐらいだと思います。

今年は、「公開霊言シリーズ」として、かなりの数の本を出しており、大手新聞社等もそうとう宣伝はしてくれました。ただ、一部の新聞社は、「過去の人はよいとしても、現時点でまだ生きている人の守護霊の公開霊言というのは、ちょっと困ります」というようなことを言ってきました。

おそらく、いろいろな事情があるのでしょう。直接、本人から抗議《こうぎ》が来たり、周りの人たちから間接的に抗議が来たりするのかもしれませんが、「生きている人の守護霊は困る」ということを言ってきたのです。

ジャーナリスティックに見たら、「生きている人の守護霊を呼び、その本心に迫る」というのは非常に画期的なことであり、私が新聞社の社長であれば、「温家宝の本心に迫れるのなら、ぜひお願いします」と、やはり言うでしょう。

ジャーナリズムの本質からいけば、「宗教にそれができるならば、ぜひ、当社に代わってやってください」と、お願いするのが筋だろうと思います。

「孔子《こうし》のような二千五百年前の人が、どう思ったか」という霊言も非常に大事なことですが、「現代に生きている人がどう考えているか」ということは、ジャーナリズム的には見逃《みのが》せないことです。

この人は、善人なのか、悪人なのか。本心では、どこまで考えているのか。単に、ブラフ（はったり）で日本を脅《おど》しているだけで、本当は、温厚で善良な人なのか。あるいは、われわれは誤解をしていて、本当は「光の天使」なのか。

大国の指導者なので、そのあたりは分かりません。したがって、あらゆる角度から光を当てて、彼がどういう人なのか、その人物像をえぐり出してみる必要があると思うのです。

九月の初めには、『小沢一郎の本心に迫る』（幸福実現党刊）という本を出しましたが、民主党の代表選の直前でもあったため、「影響《えいきょう》が大きすぎる」ということで、大新聞のなかには、同書の広告掲載《けいさい》を拒否《きょひ》してきたところがありました。ただ、ほかのところでは広告が出ましたし、掲載拒否をしたところも、代表選が終わってから出たようです。

事が起きてから、あれこれ言うのは簡単ですが、起きる前に、それを事前に察知するというのは、非常に大事なことだと思うので、温家宝が、いったいどういう人なのか、その本質に迫りたいと思うのです。

もし、私たちの考え方に間違いがあったならば、それを改める気持ちは十分に持っています。偉大《いだい》な「光の天使」として、世界を支配する権利を委《ゆだ》ねられている方であった場合には、それは、よく話し合わなければしかたがないと思います。

世界最大の霊能者《れいのうしゃ》に呼べない霊はない

中国語での霊言《れいげん》は私もできないので、万一、この人が、守護霊《しゅごれい》レベルでも日本語をまったく使えないようだと難しいのですが、意識の次元が高い人であれば、この人の想念を私が汲《く》み取って、同時通訳風に翻訳《ほんやく》することは可能です。

意識のレベルが低い場合は、中国語で思考しているため、想念の翻訳ができませんが、中国語を離れた、もっと高いレベルでの想念を持っている場合には、その想念の流れを引き入れれば、同時通訳のように日本語で語ることができるのです。

もし、直接、日本語に翻訳することが無理であれば、当会の指導霊団には孔子もいますので、彼に通訳をお願いしようと思っております。

通常の霊言は、「温家宝の守護霊が入って話す」という「二人羽織型《ににんばおり》」になりますが、そこに通訳の霊人が加わると、三重の「三人羽織型」になります。非常にややこしいのですが、霊的世界においては、同一空間に、複数のものが同時に存在できるのです。したがって、本当は、三人でも四人でも、同時に存在することは可能なので、理論的には、三人羽織も可能です。通訳の霊人を加える場合には、基本的には私のなかにダブルで入るかたちになります。

そういう方法によって、温家宝がどういう方かを調べてみたいと思います。それで、万一、本心に迫るのが難しい人だった場合には、本音を引き出すのに熟練した、〝角《かど》のある司会者〟にも参加していただいて（会場笑）、〝槍《やり》〟で刺《さ》していただこうかと思っています。

まず、温家宝が、どのくらいの人かを見てみます。もし、なかなかの難敵で、この人をさらに攻《せ》めるべきだと思われる場合には、休憩《きゅうけい》をはさんで二本収録するかもしれませんが、一本だけで、だいたいこういう人だということが分かれば、それで終わりにしてもよいでしょう。

その場合は、先日、北朝鮮の三代目として金正恩《キムジョンウン》という人が後継者《こうけいしゃ》に決まったので、この人の守護霊も呼んでみたいと思います。この人についても、どんな人であるか、ジャーナリスティックな立場からは知りたいところでしょう。

まだ若いので、大したことは言えないかもしれませんが、どんな人物であるかを知っておくことは、日本の未来を設計する上で必要なことなので、可能であれば、そちらの収録も考えてみたいと思います。

（質問者に向かって）それは、幸福実現党の党首としても知っておきたいことだろうし、直接、温家宝と対談できるのは、うれしいでしょう？

立木　はい。光栄でございます。

大川隆法　菅《かん》首相だって、温家宝とは、この前、立ち話しかさせてもらえなくて、正式な会談がなかなかできないのだから、それは、ぜひやりたいところですよね。

立木　はい。ありがとうございます。

大川隆法　それでは、トライします。私も、現時点では、世界最大の霊能者《れいのうしゃ》を自負しておりますので、やってみたいと思います。

「この地球上で、呼べない霊があってたまるか」と思っています。たとえ、ワニであろうとヘビであろうと呼び出すつもりでいるので、何とかして本心に迫ろうと思います。

ただ、私は、彼の守護霊には接触したことがないので、どんな霊が出てくるかは、今までの霊言を見てのとおり、予想がつきません。たとえ、やや見苦しい姿になったとしてもお許しください。もし、そうなった場合には、それは演技ではありません。あるいは、ものすごく偉《えら》い人である可能性もあります。その場合には、それなりの対応をしてください。

2　温家宝守護霊《しゅごれい》の招霊《しょうれい》

大川隆法　（質問者に対して）それでは、いいですか？

（額の高さで合掌《がっしょう》する）

中国の国家指導者である、温家宝首相よ。

今、世界は、あなたに注目いたしております。あなたを中心に世界が動き、あなたは世界の顔となっております。

日本国民として、同時代に地球に生きる者として、また、知る権利を持つ数多くの人々の立場に成り代わりて、ぜひ、あなたの本心に迫《せま》りたいと思います。

温家宝首相よ、あなたは日本にも来られました。日本人に対して、一方的な悪意だけを持っているとは思っておりません。どうか、心をお開きになり、われらのために、あなたの本心を明かしてください。

われらは、あなたの本心を知り、今後、あなたの国と、この日本、そして世界が、どのようにあるべきかを、冷静に、客観的に、考えたいと思います。

温家宝首相の守護霊よ、幸福の科学総合本部に降りたまいて、その本心を明かしたまえ。

温家宝首相の守護霊よ、幸福の科学総合本部に降りたまいて、その本心を明かしたまえ。

温家宝首相の守護霊よ、幸福の科学総合本部に降りたまいて、その本心を明かしたまえ。

（約十秒間の沈黙《ちんもく》）

温家宝守護霊　ン、ン、ウーン。ハア、ウーン。ア、ウーン。ウーン。ウーン。ハア、ハア、ハア、ハア、ハア、ハア、ハア、ハア、ハア、ウッ、カアッ、ハア、ウーン、クゥーッ、ハア、ハア、ハア、ハア……。

本人だと思い込《こ》んでいる温家宝の守護霊《しゅごれい》

立木　温家宝首相の守護霊《しゅごれい》でいらっしゃいますか。

温家宝守護霊　ウーッ、ハア、ハア、ハア。うぬは誰《だれ》だ？　そう言う、うぬは誰だ？

立木　私は、幸福実現党党首の立木秀学《ついきしゅうがく》と申します。

温家宝守護霊　ウー、ウー。

立木　本日は、幸福の科学総合本部にお越《こ》しくださいまして、まことにありがとうございます。

温家宝守護霊　ウー、ハア、ハア、ハア、ハア。これは、ハア、ハア、ハア、ハア、な、何が起きたんだ？　これは。

立木　今、宗教的な秘儀《ひぎ》によって、温家宝首相の守護霊様に、こちらにお越しいただきました。そして、霊言《れいげん》というかたちで、質疑応答をさせていただきたいと思っております。

温家宝守護霊　なぜ、そんなことができる？

立木　幸福の科学の大川隆法総裁は、そうした偉大《いだい》な霊能力《れいのうりょく》をお持ちであり、あらゆる霊人をお呼びすることができるのです。

温家宝守護霊　国家対国家として、ちゃんと事前に交渉《こうしょう》し、承認を取ったのか。

立木　いえ、これは宗教の世界でございますので。

温家宝守護霊　ん？　あ？

立木　宗教の世界でございますので……。

温家宝守護霊　外務省が、ちゃんと交渉したか。

立木　いや、そういうものとは、まったく関係なく、霊的な世界においては、お呼びして、お話しすることができるということです。

温家宝守護霊　ここは迎賓館《げいひんかん》か。

立木　いいえ、幸福の科学の総合本部でございます。

温家宝守護霊　あ？　迎賓館じゃない。

立木　はい。

温家宝守護霊　なぜ、迎賓館じゃないんだ。

立木　あなたは守護霊でいらっしゃいますので。

温家宝守護霊　うん？

立木　霊でございますので、「霊としてお呼びした」ということです。

温家宝守護霊　守護霊？　しゅ、守護霊？

立木　はい。

温家宝守護霊　俺《おれ》は温家宝だよ。何言ってんだ。

立木　ただ、今、ここは日本なんです。

温家宝守護霊　ん？　日本⁉

立木　はい。ここは日本でございます。

温家宝守護霊　日本？　証明してみなさい。なぜ、ここが日本なのか、証明してみなさい。

立木　（苦笑）

温家宝守護霊　そんなことが、あるはずはないだろうが！

立木　今、あなたがしゃべっている言葉は日本語ですよね。

温家宝守護霊　ん？　あっ、そうなの？　え？　え？

立木　ええ。日本語で会話をしていますね。

温家宝守護霊　え？　日本語？

立木　中国語ではありませんよね。

温家宝守護霊　え？　これ日本語？

立木　ええ。日本語で会話をしております。

温家宝守護霊　なんで日本語でしゃべってんの？

立木　それは、霊的に翻訳《ほんやく》が行われているからです。それで、日本語での会話が可能となっております。

温家宝守護霊　しかしだね。私は飛行機に乗った覚えがない。

立木　はい。ですから、霊的に移動しているわけです。

温家宝守護霊　飛行機に乗って来ていない。

立木　はい。

温家宝守護霊　招待されていない！　会談の予定は入っていない！　スケジュールがない！

立木　はい。

温家宝守護霊　おかしいじゃないか。こんなことが、君、この世にあるわけないだろうが。

立木　ええ。あの世だから、ありうるんです。

温家宝守護霊　（机を叩《たた》きながら）私は、中国のねえ、偉大な首相なんだよ、君。なんで、アポイントメントなしに、わしを呼んで対談ができるんだよ。そんなはずはないだろうが！

立木　いや、それは……。

かすかに過去世《かこぜ》の記憶が甦《よみがえ》る

司会　あなたの霊的な力が弱いんです。

温家宝守護霊　弱い？　弱いとはなんだ！　中国に対し……。

司会　弱いんです。残念ながら。

温家宝守護霊　中国の人間は、「弱い」って言われると怒《おこ》るよ、君。

司会　怒っていただいても、弱いんです。

温家宝守護霊　き、君、刺身《さしみ》にして食べたるぞ！（会場笑）

司会　温家宝さんは、人間を刺身にして食べるんですか。

温家宝守護霊　ああ、そんなの平気だよ。君一人ぐらい、鯛《たい》の代わりに刺身にして食べるのは、わけないよ。

司会　それは、今の温家宝さんも、人間を刺身にして食べているということですか。

温家宝守護霊　中国の伝統なんだからな。

立木　人間を食べるのが伝統ですか。

司会　食べるんですね。

温家宝守護霊　うん。人間を食べるのは……、刺身はおいしいよ。

司会　それは現代でもやっているんですか。

温家宝守護霊　え？　現代？　まあ、それは内緒《ないしょ》だ。

司会　内緒ですか。

温家宝守護霊　まあ、現代は、ないのではないかと思う。

司会　現代はないのですか。

温家宝守護霊　今のところ、食料があるからね。まあ、でも、飢《う》えたら食べるなあ。

司会　食べられたことはありますか。

温家宝守護霊　ああ、まあ……、君！

司会・立木　（笑）

温家宝守護霊　君、最初から何だ！　失礼だろうが！（机を叩きながら）ちゃんとした待遇《たいぐう》がなされてない！

司会　いえ、非常に高い待遇でお呼びしております。

温家宝守護霊　ああ、君なんか要《い》らないから、鯛の刺身でも、そこに並べなさい！　鯛の活《い》き造《づく》りを。

司会　鯛の刺身ですか。

温家宝守護霊　活き造りがいいなあ。日本だったらな。

司会　ええ。
温家宝守護霊　もし、ほんとに日本だったらだよ。
司会　ええ。
温家宝守護霊　鯛の活き造りかなんか出てきて、ここに、花かなんかを、こう両側に飾《かざ》って、ピンピンッと跳《は》ねてるのがいい。君なんかいたってしょうがないんだ。鯛がここにあれば……。
司会　分かりました。
　あなたは霊であるので、念《おも》いによって、そういうものをつくることはできるんです。それができれば、あなたには、かなり力があります。
温家宝守護霊　君の言っていることが分からんなあ。君、中国人と違《ちが》うのか。
司会　え？
温家宝守護霊　ああ、韓国人《かんこくじん》？　ん？　ん？

司会　韓国人ですか（苦笑）。

温家宝守護霊　なんか、韓国人か中国人のような……。

司会　日本人です。

温家宝守護霊　なんか、その顔は、どこかで見たような……。

司会　見たことがございますか。

温家宝守護霊　うん。中国人でもいたような……。

司会　ああ、そうですか。

温家宝守護霊　韓国人かなあ。

司会　何かご縁《えん》がありますでしょうか。

温家宝守護霊　あれ？　どこかで見たような顔だな。君、どこかで見なかったっけ？

司会　いやあ……。
温家宝守護霊　その顔、なんか見覚えがあるな。
司会　そうですか。
温家宝守護霊　うーん。昔、何か、悪さをしてた男と違うか。
司会　どこでですか。
温家宝守護霊　中国で。
司会　いつごろですか。
温家宝守護霊　なんか、犯罪人みたいなことをしてただろう。
司会　してはいませんが（苦笑）、それは、そうとう大昔の話でしょう。あなたの過《か》去世《こぜ》が、どういう方かが分かれば、そのあたりのことも……。
温家宝守護霊　なんだかねえ、お前によく似た人相のやつが、大勢の人を殺してるところを見た覚えがある。

司会　どこででしょうか。

温家宝守護霊　いやあ、中国でだよ。

司会　いつごろの時代ですか。

温家宝守護霊　いやあ、よく分からん。よく分からんけど、なんだか……。

司会　現代ですか。

温家宝守護霊　いや、昔だ。昔のような気がする。

司会　昔？

温家宝守護霊　うん、うん。昔、見たような……。あれは、日本兵だったのかなあ。

第二次大戦のときに日本兵で攻《せ》めてきたのかなあ。

司会　いや、私は日本兵はやっていないと思いますが……。

温家宝守護霊　なんか、君が、大勢の人を殺しとったよ、うん。

司会　そうでございますか。

温家宝守護霊　そんな顔をしとったよ、確か（会場笑）。

司会　そうですか（苦笑）。

温家宝守護霊　うん。名前は忘れたけど、確か、悪い男だったような気がするなあ。

司会　悪い男ですか。

温家宝守護霊　ああ、日本兵でなければ、もっと古いんだろうけど、なんだか……。

まあ、いいや。おまえなんかどうでもいいんだ！　お前なんか、相手じゃないんだ、何言ってんだよ。

3 大国中国の正義とは
私は一瞬《いっしゅん》で世界を灰にできる立場にある

立木　あの、ちょっとお尋《たず》ねしたいと思っておりましたのが……。

温家宝守護霊　うん？　ああ、うん。

立木　先般《せんぱん》、劉暁波《りゅうぎょうは》氏がノーベル平和賞を受賞されました。

温家宝守護霊　ああ、ああーん（舌打ち）。

立木　これについては、どのように考えていらっしゃいますか。

温家宝守護霊　君、そんな……。君、どこの新聞社の人間だ？

立木　いいえ、新聞ではございません。幸福実現党という政党の……。

温家宝守護霊　ああ、政党。

立木　ええ。党首でございます。

温家宝守護霊　知らん。そんなの知らんね。

立木　日本の政党でございます。

温家宝守護霊　幸福実現……、そんな政党があるのか。

立木　はい。ございます。

温家宝守護霊　そうか。あれ？　日本にそんな政党があるか。

立木　ええ。国会議員もおります。

温家宝守護霊　ある？　あっ、そう。うーん、なんか……。そう？　ほんと？

立木　ええ。

温家宝守護霊　それは、君、町会議員かなんかの支援《しえん》団体と違《ちが》うのか。うん？

立木　いえいえ。ちゃんと国会議員がおりますので。

温家宝守護霊　国会か？

立木　ええ。国会議員もおります。

温家宝守護霊　国会？

立木　はい。

温家宝守護霊　国会のレベルの政党なのか。

立木　はい。国会レベルの政党でございます。

温家宝守護霊　ふーん、そう。

立木　劉暁波氏のノーベル平和賞受賞は、非常に大きなニュースでございますので、私どもも、隣国《りんごく》として、大きな関心を持って見ております。この件に対して、中国政府、あるいは、温家宝首相ご自身は、どのように受け止めておられるでしょうか。

温家宝守護霊　いやあ、まあ、それは話せないこともないが、君に、その資格があるかどうかが問題なんだ。

私は「世界の温家宝」だからね。君、分かっとるか。私は世界をどうにでもできるわけだよね。もう、一瞬《いっしゅん》にして世界を灰にすることもできる立場にあるわけだからさ。

立木　はい、はい。

温家宝守護霊　君は、そういう人間と話をしようとしているんだからさあ、そんな簡単なものではないということは知りなさいよ。私の言葉は重いんだよ。いいかい？

君が失礼を働いた場合は、私は三十分以内に日本を滅《ほろ》ぼすことができるんだからね。いいかい？

立木　はい。

温家宝守護霊　覚悟して言えよ。

立木　はい。承知しました。

温家宝守護霊　うん。

大国には「権利」はあるが「責任」はない

立木　最近、特に、ノーベル平和賞の問題もございますし……。

温家宝守護霊　あぁー、またその話か（舌打ち）。

立木　また、尖閣《せんかく》諸島の問題もございますし……。

温家宝守護霊　参ったなあ、ほんっとに。

立木　さらに、レアアース禁輸の問題とか、人民元《げん》切り上げの問題など、いろいろございます。

温家宝守護霊　もう、わしも困っとるんだよ。いっぺんにたくさん出てきたからさあ。なんで、こんなに急に、問題がたくさん出てくるんだよ。

わしは、当たり前のことを当たり前にやっとるだけだ。

立木　はい、はい。

温家宝守護霊　なんで急に、こんなにいっぱい、同時に問題になるんだよ。説明してくれ！

立木　それは、やはり、中国が大国になってきているために……。

温家宝守護霊　え？　君は新聞社の記者だろ？

立木　いいえ。

温家宝守護霊　違うのか。

立木　政党の人間です。

温家宝守護霊　おお、うん、うん。

立木　はい。やはり、中国が大国になってきていますので……。

温家宝守護霊　うん、それはそうだ。うん。君、それは正しい。

立木　それに対して、やはり相応の責任というものが出てくると思うのです。

温家宝守護霊　それは知らんなあ。大国には、権利はあるが、責任なんかないんだよ。君、何言ってんだよ。大国には権利がある。責任があるのは、大国に支配される諸国民だな。うん。大国に仕える責任がある。

大国は、その奉仕《ほうし》を受ける義務がある。うん。

だから、権利はあって、責任はないんだよ。ハッハッハッハッハッハー。

立木　もう、中国のやりたい放題ということですか。

温家宝守護霊　いやあ、中国の責任を言うのは、外国だ。外国がそう言うのであって、中国の立場において、責任はない。権利のみがある。それから、ご奉仕を受ける義務は、当然ある。

立木　はい。

温家宝守護霊　それが大国の条件だよ。勘違《かんちが》いしてるんじゃないかな？

立木　分かりました。

温家宝守護霊　責任があるのは、日本だろうが。日本には中国に対してどのようなご奉仕をするかを決定する責任がある。中国は、その報告を受ける義務がある。

「民主化」という言葉がいちばん嫌《きら》いだ

立木　そういう発想が出るのは、やはり「中華《ちゅうか》意識」というものが根本《こんぽん》にあるからでしょうか。

温家宝守護霊　うーん。中華意識というか、それが普通《ふつう》の考えなんじゃないか。うん？

立木　そうはおっしゃいましても、やはり、いろいろな……。

温家宝守護霊　だいたいな、君。政党とか言って、ほんとにあるかどうか確認はできておらんけれども、まあ、仮にあったとしてだよ。そういう政党は早く潰《つぶ》さなきゃいけないよ。

立木　何ゆえにですか。

温家宝守護霊　一党独裁が、やはり、世界の理想だからね。

立木　そうなんですか。

温家宝守護霊　だから、君らのような、なんて言うか、蟻《あり》みたいな政党が動き回るということは、もう、象だって嫌《いや》がるからさ。早く踏《ふ》み潰さなくちゃ。

立木　そうしますと、民主化とか、あるいは政治的自由の拡大とか……。

温家宝守護霊　民主化！　その言葉がいちばん嫌《きら》いなんだからさ。

立木　ああ、そうですか。

温家宝守護霊　民主化なんて言葉を使ってくれるなよ。君、中国は、皇帝《こうてい》の国なんだよ、皇帝の。皇帝と民衆は違うんだよ。ねえ？　民衆なんかが皇帝と同じ立場に立とうなんて、君、一万年早いんだよ、一万年。

立木　そうしますと、中国国内の人民の方々も、そういう、〝皇帝〟に圧迫《あっぱく》されるような状況《じょうきょう》でよいということでしょうか。

温家宝守護霊　圧迫？　圧迫っていうのは、君、正しい漢語じゃないよ。圧迫っていうのは……。

立木　では、弾圧《だんあつ》と言ってもよいかもしれません。

温家宝守護霊　庇護《ひご》を受けてるんだよ。何言ってるんだ。皇帝は、そういう人民を庇護しているんだよ。だから対等じゃないんだ。庇護する者と、庇護される者は、立場が一緒《いっしょ》じゃないでしょうが。それを対等にするのが民主主義だと言うなら、そんなものは間違った政治理念ですよ、君。

立木　今、中国では、民衆のレベルで数多くの暴動が起こっていますよね。

温家宝守護霊　うん。だから、彼らは間違っている。自分らが庇護されてることが分かっていないので、その間違いを正さなければならない。

立木　それに関しては、政府のほうのやり方が間違っているということはありませんか。

温家宝守護霊　やはり、それは、軍隊を送って、ちゃんと治安を維持《いじ》し、彼らを反省させなければいけない。正しい道に入るように反省を促《うなが》す必要がある。

立木　ただ、必ずしも、政府がすべて正しいとは限りませんよね。

温家宝守護霊　政府は正しいに決まってるでしょう。倒《たお》れるまでは、正しいんですよ。倒れたら、正しくなくなるんです。それだけのことだよ。

立木　はい。

温家宝守護霊　力が強い者は勝つ。勝つ者が正義を定める。だから、勝っている者は正義である。負けている者は、これは正義ではない。

立木　それでは、正義とか、善悪とかいうのは、要するに、力の強い者が決めるということですか。

温家宝守護霊　だから、暴動が正しいんだったら、政府を倒してみなさいよ。正しかったら倒せるよ。倒せないのなら正しくないんだよ。

天意は、政府のほうにある。「中国を大規模化し、世界の大強国にする」という、この偉大《いだい》なる理念の下《もと》に、もし神も仏も存在すれば、みな応援しているはずであるし、存在しなくても、わしがそう思っとるから、そうなるのだ。

立木　はい。お考えは分かりました。

温家宝守護霊　分かったか?

立木　はい。

4　次の国家主席をめぐる権力闘争《とうそう》の実態

政治家には役者の才能が必要

司会　よろしいですか。

温家宝守護霊　ん？　何だい？

司会　以前……。

温家宝守護霊　悪人、何だ？（会場笑）　悪党！

司会　以前、四川《しせん》の大地震《おおじしん》のときに、あなたが被災地《ひさいち》で涙《なみだ》を流されている姿を見て、私は、よい方《かた》なのではないかと思ったのですが、口はけっこう悪いですね。

温家宝守護霊　君、君、君！　変なことを言うなあ。

司会　はい。

温家宝守護霊　私の涙は、ワニの目の涙みたいなものだよ。

司会　それは、嘘《うそ》の涙ということですか。

温家宝守護霊　まあ、そのくらいできないでどうするかね、君。

司会　あれは、やはり嘘だったんですね。

立木　ポーズですね。

温家宝守護霊　え？　いや、まあ、涙は物理的なものだからね。流すときは、流さなきゃいかんとは思うが、それも……。

司会　それにしては、ちょっと……。

温家宝守護霊　政治家には、そういう役者としての才能が必要なんだよ、君。

司会　中国では、やはり、そういう才能が必要だということですね。

温家宝守護霊　中国はね。まあ、朝鮮《ちょうせん》半島の韓国《かんこく》も北朝鮮もそうだけど、わしらのところでは、オーバーに表現できない者には、政治的才能がないんだよ。役者の才能と政治家の才能は、ほとんど一緒《いっしょ》だ。

今、頑張《がんば》って世界に名前を売らないと、粛清《しゅくせい》される恐《おそ》れがある

司会　ちょっと話が変わるのですが……。

温家宝守護霊　ああ。

司会　先般《せんぱん》、胡錦濤《こきんとう》主席の守護霊にも、この場にお越《こ》しいただきました。

温家宝守護霊　ああ、そう！

司会　はい。

温家宝守護霊　胡錦濤も来たのか。じゃあ、やはり、ここは迎賓館《げいひんかん》か。しかし、それにしては、なんか、安普請《やすぶしん》だなあ。

司会　いえいえ、ここは、著名な霊しか来ない場所です。
温家宝守護霊　ああ？
司会　霊的には、ものすごくステータスの高いところです。
温家宝守護霊　やはり、あのへんに、孔雀《くじゃく》でも描《か》いた衝立《ついたて》ぐらい立てないと、君、こんな安っぽいところでは……。
司会　またお越しいただけるのでしたら、次回は用意いたします。
温家宝守護霊　鳳凰《ほうおう》の間か何かに呼ぶべきだよ。
司会　はい。
温家宝守護霊　せめて、ホテルオークラか何かに呼びなさいよ。
司会　いや、ホテルオークラよりも、こちらのほうがすごいです。
温家宝守護霊　君、こんな安っぽいところが？

司会　ええ。それで、胡錦濤氏が……。

温家宝守護霊　絨毯《じゅうたん》も、なんだかずいぶんケチくさいなあ。

司会　（苦笑）

温家宝守護霊　これ、刺繍《ししゅう》か何かがないと駄目《だめ》だよ。

司会　昔の中国は、これよりもひどかったのではないでしょうか。

温家宝守護霊　いや、そんなことはない。もっと立派だった。皇帝《こうてい》は、それはもう……。

司会　そうですか。失礼しました。

それで、胡錦濤氏の守護霊がおっしゃるには、前回、来日されたあと、すぐに鳩山《はとやま》首相が辞任してしまいましたね。

温家宝守護霊　胡錦濤が？

司会　いえいえ、温家宝首相が来日されたときです。そのことに関して、胡錦濤主席の守護霊は、「もう、あいつは粛清《しゅくせい》しなければいかん」とおっしゃっていました。

温家宝守護霊　悪党、よく知っとるなあ。うーん。

司会　あなたは、何か、ご自分が最高のようにおっしゃっていますが、胡錦濤氏との関係はどうなのですか。

温家宝守護霊　そうなんだよ。いや、君ね、私は、実は危機なんだよ。

司会　「温家宝を粛清する」とおっしゃっていました。

温家宝守護霊　ああ、そうなんだよ。危ないんだよ。今、頑張《がんば》らないと危ないんだよ。頑張らないと、消される恐《おそ》れがあるから、今、必死で世界に名前を売って、力を誇示《こじ》しとるんだよ。

司会　ああ。

温家宝守護霊　胡錦濤に消されようとしているのでね。

司会　あの件で、そうとう怒《いか》りを買ったのですね。

温家宝守護霊　今、ほんとは権力闘争《とうそう》をやってるんだ。

司会　そうなんですか。

温家宝守護霊　うんうん。だから、わしに力があるところを見せようとして、今、頑張ってるところなんだ。

司会　ああ。

温家宝守護霊　「わしを中心に世界は動く」ということを、世界に今、認めさせようとしているんだ。中国に注目を集めることによってだね。

胡錦濤が、わしを捕縛《ほばく》してクビを切ったりしないように、そういうアリバイづくりを、今、一生懸命《いっしょうけんめい》にやっとるところなんだよ。これだけ世界で活躍《かつやく》している人を、万一、失脚《しっきゃく》させたりしたら、世界のメディアが注目するから、胡錦濤もそれはできない。だから、わしを葬《ほうむ》れないように、今、ちょっと頑張ってるとこなんだよ。そのためには、やはり軍部を掌握《しょうあく》しなきゃいけないので、軍部の忠誠心を、今、奪《うば》おうとしているところだ。

司会　そうですか。

温家宝守護霊　うん。そう。

私が次の国家主席になることもありうる

司会　あなた側についている人と、胡錦濤氏側についている人がいるんですね。

温家宝守護霊　うーん、胡錦濤はねえ、つなぎなんだ。つなぎの主席なんだよ。あれは、本物じゃないんだよ。

司会　二〇一二年までですか。

温家宝守護霊　あれは、傀儡《かいらい》なんだよ。それで、わしも片付けようと思ってるらしいけどね、わしは……。

司会　次の国家主席は、習近平《しゅうきんぺい》氏だと言われていますが。

温家宝守護霊　ああ。でも、まだ分からないよ、君。今、まだ戦ってるところなんだよ。いや、これは、まだまだ分からないよ。今、数名で争ってるところだから、ほんとのことは、まだ分からない。どういう路線が敷《し》かれるか。

今、わしが軍部を味方につければ、急に流れは変わってくるからね。

司会　実は、温家宝さんが主席になることも……。

温家宝守護霊　ありうる。いや、逆に、胡錦濤を葬ればいいんだろう？

司会　ああ。

温家宝守護霊　それで、しかたなく、私が臨時主席になれば、そのまま次の主席になってしまうこともあるかもしれないじゃないですか。

司会　ああ。やはり、温家宝さんは非常に賢《かしこ》いですね。

温家宝守護霊　やはり、消される前に手は打たないとね。

司会　どんな手を打たれているんですか。

温家宝守護霊　だから、今、手を打ってるわけですよ。

司会　世界を回って……。

温家宝守護霊　今、「世界の温家宝」になろうとしてるじゃないですか。

司会　そのようにしていると。

温家宝守護霊　君らは、「帝国主義《ていこく》」という悪い言葉を平気で使うんだけどね。こういう差別的な用語を君らは平気で使うけれども、中国人民というのは、この帝国主義的な偉大《いだい》な指導者というものを尊敬するんだよ。まさしく、それが、秦《しん》の始皇帝《しこうてい》に象徴《しょうちょう》される中国の皇帝の姿なんだ。

司会　中華《ちゅうか》思想ですね。

温家宝守護霊　私は、今、皇帝の素質があるところを見せようとしてるところなんだ。

司会　なるほど。

胡錦濤はあと二年で政界から消える

温家宝守護霊　うーん。分かるかなあ。だから、胡錦濤なんか、もう要《い》らないんじゃないかと、みんなが思い始めるのが……。

司会　胡錦濤氏の守護霊は、あなたを粛清すると言っていますが。

温家宝守護霊　いや、あれは、もう、もう、もう、クビだからね。もうすぐ。あと二年もしたら、政界から消えるから。

司会　消えますか。

温家宝守護霊　うん、消える。その間に、実権を掌握できるかどうかの戦いを、今、挑《いど》んでいるところだ。

司会　次期主席争いの最大のライバルは、どなたなのですか。

温家宝守護霊　だから、まず、私が最大のライバルですよ。彼は私を消さないかぎり……。

司会　いやいや。温家宝氏のライバルです。

温家宝守護霊　え？　私の？

司会　最大のライバルは？

温家宝守護霊　いや、私が主席になった場合は、話が違《ちが》うでしょう。

司会　あなたが主席になるためのライバルは？

温家宝守護霊　ん？

司会　まず、胡錦濤さんをやっつける……。

温家宝守護霊　いや、そのライバルっていうのは、私が消された場合に、その下が次に出てくるというだけのことでしょう。

司会　はい。

温家宝守護霊　消されなかった場合は、話が違うんですからね。

その場合は白紙ですよ。

司会　はい。

温家宝守護霊　私に忠誠を誓《ちか》った者が、次の首相になって、私が主席になる。

私は鳩山《はとやま》を操縦できる自信を持っていた

司会　中国国内では、今、どのような見方が強いのでしょうか。

温家宝守護霊　うーん。まだ、はっきりとは固まっておらんけれどもね。

胡錦濤は、この前の六月、「日本の民主党政権を支持せよ」ということで、鳩山《はとやま》さんのときに、わしをわざわざ送ったのに、翌日、辞《や》めおったよなあ。

君、こんな失礼なことってあるか。中国の首相が来て、サービスにこれ努めてだよ、そして、政治的な応援《おうえん》をしたのに、翌日、鳩山のやつは辞めおった。
鳩山という名前は、中国では悪人の代名詞なんだ、君。

司会　そうなんですか。

温家宝守護霊　君みたいな悪人のな。鳩山と聞いたら、みな、だいたい、悪人を想像するんだよ。

司会　普通は、鳩というのは善人の象徴です。

温家宝守護霊　いや、それは日本だけだ。まあ、外国も、ちょっとあるのかもしらんが。中国の反日映画で、鳩山っていうのが主役をしているからな。

司会　ああ、はい。

温家宝守護霊　日本人の、悪い悪い軍人の親分が、鳩山っていうんだよ。だから、鳩山と聞いたら、みんな、もう身の毛がよだつぐらい、悪い名前なんだよ。悪人の代表みたいな名前なんだ。

司会　先般の尖閣《せんかく》問題のとき、鳩山氏は、「私だったら温家宝首相と話ができたのに、菅《かん》さんだから駄目だった」というようなことを言っていましたが、それを、どう受け取られますか。

温家宝守護霊　うん、まあ、中国人には、鳩山という名前に対するイメージは悪いけれども、私は、鳩山を操縦できるという自信は持っていた。

司会　ああ。

温家宝守護霊　いいように考えれば、彼は、「自分が中国とのパイプ役になれる」と思っているだろうが、私としては、まあ、あれは、操縦しやすい男だなという感じは持ってたなあ。

すごい単純なんだよ。いいところのボンボンらしいけど、罪悪感を持ってるからね。金持ち階級に生まれたことに対して、すごい罪悪感を持ってるので、共産主義に対して頭が上がらないんだよ。「自分は悪いことをしてる」と思ってね。

だから、中国のような、平等な社会をつくり、貧しい者のための政党が支配している国に対して、頭が上がらないんだよな、彼は。

菅のほうは、それに対しては、鳩山ほど引け目を感じていないところがあるのと、ちょっと、中国共産党の手法によく似た政治手法を取るからさ。草の根政治家っていうのか？「普通の庶民《しょみん》から出てきて、指導者になる」みたいなのを、中国ではほめ称《たた》える傾向《けいこう》があるので、彼はそれをうまく使って、政治家として自己演出しとるわな。

その意味で、確かに、仲間同士としては、肌合《はだあ》いが合わないところはあるな。

5 温家宝が受けている霊的影響《れいてきえいきょう》

最近、ヒトラーや鄧小平《とうしょうへい》が寝床《ねどこ》に来ているように感じる

司会　今、温家宝氏が、世界を回られて、いろいろ発言されているのは、彼ご自身の意志で行《おこな》っていると考えてよろしいでしょうか。

温家宝守護霊　うーん、なぜか、こうなったんだよな。

司会　誰《だれ》かに指図されているんですか。

温家宝守護霊　なんとなく、今、拡張したくてしょうがないんだよなあ。

司会　誰の意志なんでしょうか。

温家宝守護霊　うーん。

司会　軍部ですか。なぜ、ここまで……。

温家宝守護霊　いや、これは、何だろうかねえ。中国五千年の偉大《いだい》な伝統が、私をして、何か、時代精神にしようとしてるんじゃないかなあ。

司会　それでは、やはり、ご自身で出ていっておられるわけですね。

温家宝守護霊　うーん、最近、なんだか、チンギス・ハンの夢とかよく見るんだよなあ。

司会　なるほど。

立木　誰かから指導されているという意識はありませんか。

温家宝守護霊　ああ？

立木　例えば、ヒトラーの霊《れい》とか。

温家宝守護霊　指導っていうのは、私はよく分からないけど、ヒトラーね。ヒトラー、なんだか懐かしい名前だな。

司会　会ったことはございますか。

温家宝守護霊　なんか、そういえば、なんとなく、よく聞くような気がするなあ。

司会　どこで聞かれますか。

温家宝守護霊　え？　寝床《ねどこ》でだよ。

司会　寝床で？

温家宝守護霊　うん。

立木　寝ている間に、ヒトラーの霊が来て、いろいろ囁《ささや》いていくということですか。

温家宝守護霊　うーん、来てるような気はする……。

司会　鄧小平《とうしょうへい》氏は？

温家宝守護霊　鄧小平は……、そうだねえ……。うん、まあ、あるね。

司会　来ていらっしゃるんですか。

温家宝守護霊　うん、来てるね。

司会　毛沢東《もうたくとう》氏は来ていないですか。

温家宝守護霊　毛沢東の路線は、捨てたんだよ、私たちは。

司会　それでは、鄧小平氏と……。

温家宝守護霊　毛沢東の路線を捨てて、鄧小平の路線ではあるんでね。だから、改革開放はしたんだよ。毛沢東路線と離《はな》れてはいる。まあ、ちょっと、あの路線では行き詰《づ》まったのでね。

あの世や霊《れい》の存在を、公式に認めることはできない

司会　寝床で、何かインスピレーションのようなものを受けて、動かされているというか、動きたいという気持ちが出てきているわけですね。

温家宝守護霊　うーん、君、分からんことを、よく言うなあ。

司会　まあ、そこは、ちょっと難しいですね。何かを感じて、やろうとしているということでしょうか。

温家宝守護霊　君、それだと、何かほかのものに私が動かされているみたいで、私が偉くないみたいに聞こえるじゃないか。

司会　いえいえ、偉い人には、そういう〝指導霊《しどうれい》〟がつく可能性が高いんです。よい霊か悪い霊かは別として。

温家宝守護霊　いや、君ねえ、個人的なものは別としてだね、公式には、中国というのは、あの世だとか、霊だとかは、信じていないんだからね。

司会　はい。その点は、毛沢東氏も困っておられました。あの世はあるのだけれども、「ある」とは言えないので、どうしていいのか分からないような感じでした。

温家宝守護霊　いや、公式には認めてないんだから。いまだに、看板としては唯物論《ゆいぶつろん》で、「宗教はアヘン」というのを守り続けてるんだからね。

司会　ええ。

温家宝守護霊　私は、いちおう国家の要人として、そんな、「あの世の霊が来て、何か指導している」みたいなことは、口が裂《さ》けても断じて言うことはできない！

司会　言いづらいですよね。ですが、あなたも……。

温家宝守護霊　「言いづらい」って、君、何を言ってるんだ。

司会　ああ、言えないですよね。

温家宝守護霊　否定してるんだ。

司会　いや、言えないとしても、あなたは、自分が霊であるということを分かってはいるんですよね。

温家宝守護霊　わしは、霊ではなくて、温家宝である。

立木　でも、霊ですよね。

温家宝守護霊　え？　霊か？　いや、わしは温家宝だ。

司会　霊でないなら、どうして中国からここに来ることができたんですか。

立木　肉体は中国にありますよね。

温家宝守護霊　温家宝は、温家宝だ！

立木　意識だけがここに来ているということは、やはり、霊が存在するということだと思うのですが。

温家宝守護霊　いや、そんなの分からないよ。

立木　でも、今、話していますよね。

温家宝守護霊　だから、君の気持ちだけが、ほかの人のところへフラフラと飛んでいって、何か話をすることだってあるかもしれないよ。

立木　まあ、それは、私の霊が存在するということでしょうから。

温家宝守護霊　恋人《こいびと》なんかができたら、その人の所へ心が行ってしまって、その人がインスピレーションを受けちゃうこともあるじゃないか。それは霊ではない。

司会　分かりました。

6 尖閣《せんかく》事件の真相

フジタの社員を捕《つか》まえたのは報復だった

司会　少し話を戻《もど》させていただきますが、冒頭《ぼうとう》のところで、「なぜ、急に、こんなにたくさん問題が出てきて叩《たた》かれるのか分からない」とおっしゃっていましたが。

温家宝守護霊　うーん、なんだか摩擦《まさつ》が多いなあ。

司会　あなたが世界に出て行かれるから摩擦が起きているというように、私たちは見ています。あなたの発言が、各国の人たちを刺激《しげき》しているように見えるのですが、どうでしょうか。

温家宝守護霊　いや、そんなはずはないよ。何か、陰謀《いんぼう》があるのかもしれない。

立木　陰謀ですか。

温家宝守護霊　尖閣《せんかく》諸島なんて、もう中国のものなのは決まってるのに、何だよ。

立木　あの事件で、日本の政府は漁船の船長を釈放《しゃくほう》しましたが、仮に、釈放せずに、捜査《そうさ》を続けて起訴《きそ》し、例えば、裁判で実刑《じっけい》判決が出たりした場合、どのような対応をされたでしょうか。

温家宝守護霊　ああ、もう、日本人を捕《つか》まえて処刑するね。

立木　そうですか。それでは、あの……。

温家宝守護霊　中国国内で犯罪を犯《おか》したと称《しょう》して、日本人を十人ぐらい、取っ捕まえて、順番に首を斬《き》って処刑していくね。

そうしたら、もう震《ふる》え上がって、どうせ、解放されてるよ。結論は一緒《いっしょ》だ。

立木　そうすると、外国人の生命は護《まも》る気がないということですね。

温家宝守護霊　日本の政府もばかじゃないから、やられるのが分かったので、解放したんだろうよ。

立木　はい。

温家宝守護霊　だから、フジタの社員は四人とも処刑したと思うし、フジタだけじゃ済まさないね。ほかの人も捕まえたと思うな。

司会　フジタの件については、陰謀説もあるのですが。

温家宝守護霊　まあ、見方というのは相対的なものだよ。軍事施設《しせつ》の辺りをウロウロしてたことは事実だからな。だから、国内法から言やあ……。

司会　ですが、彼らは、あなたの国のために仕事をしていたのではありませんか。

温家宝守護霊　国内法から言やあ、君、それは、取っ捕まえようが、捕まえまいが、そんなの自由だからさ。

司会　それならば、駅の写真を撮《と》っても同じですね。

温家宝守護霊　うーん？　分からない。何が言いたいのか知らんけどさ。君ね、フジタで堪《こら》えてやったんだから、感謝しないか。あんなちっちゃな企業《きぎょう》で我慢《がまん》してやったんだ。うちは、トヨタを差し押《お》さえることだってできるんだからさあ。トヨタの工場を丸ごと差し押さえたって構わないんだよ。

司会　要するに、報復であったということですね。

温家宝守護霊　当たり前だろうが、そんなの。やられたらやり返す。大国だからな！

司会　もし、船長を釈放しなかったら、フジタの社員は、もう処刑まで行っていた？

温家宝守護霊　当然、処刑します。もう四人とも死んでますよ。

司会　そういう意志を持っていたわけですね。

温家宝守護霊　当たり前だよ。核《かく》兵器を持ってる国に対して、君ねえ、恫喝《どうかつ》が効くと思ってるわけ？

軍部も一枚岩ではなく、陰謀《いんぼう》の暴《あば》き合いをしている

司会　あの船長は、実は、軍人ではないのではありませんか。

温家宝守護霊　いやいや、それは君、秘密だ。

立木　工作員ですか。

温家宝守護霊　いや、そんな（笑）、そんな、国家の首相に対して、ほんとのことをしゃべらせるなんてことができると思ってるのかよ、君は。

司会　あの船長は、妙《みょう》に、漁師風ではなかったですよね（会場笑）。

温家宝守護霊　それは、君の妄想《もうそう》だ。

司会　漁師にしては色白だという噂《うわさ》もありますし。

温家宝守護霊　妄想だ。君らが、政党や宗教家のふりをしてるのと同じようなもんで、

人は変装できるんだよ。

司会　では、やはり、あの人は変装していたわけですね。

温家宝守護霊　いや、分からん。わしは知らん。

司会　分かりました。

温家宝守護霊　わしは、国のトップにいる者として、そんな下々《しもじも》のことは、よく知らん。そんな、漁民の素性など知るわけがないだろうが。

司会　ただ、軍が管轄《かんかつ》しているのであれば、それは掌握《しょうあく》しているはずではありませんか。

温家宝守護霊　ええ？　いや、軍と言ったって……。

司会　それを掌握できていないのであれば、あなたは、まだ権力を握《にぎ》っていないということですよ。

温家宝守護霊　軍と言ったって大きいからさあ。それは分からない。誰《だれ》がどうしてるかは、分からない。

司会　軍のことが分からないと言うのなら、あなたは胡錦濤《こきんとう》氏に負けますねえ。

温家宝守護霊　君ねえ、軍だって、ほんとは一本じゃないんだよ。

司会　何本あるんでしょうか。

温家宝守護霊　そらあ、胡錦濤派もあれば、温家宝派もあるし、その次を狙《ねら》ってるやつらも、いろいろと軍部に手を伸《の》ばして掌握してるんでね。

司会　そうすると、軍部は分裂《ぶんれつ》するんですか。

温家宝守護霊　いや、買収したり、いろいろしてるからさあ。まあ、「誰が誰とつるんでるか」とか、いつも、なかで陰謀《いんぼう》の暴《あば》き合いをしているところなので、いつ寝首《ねくび》をかかれるか分からない。

立木　やはり、中国の上層部は、必ずしも一枚岩ではなくて、いろいろと……。

温家宝守護霊　一枚岩じゃないな。外に対しては一枚岩だが、なかは一枚岩じゃない。

立木　そうですか。

温家宝守護霊　だから、誰が次の主導権を取るかによって、軍部も政治的に動いて、そちらになびいていく。

司会　私は、「なぜ、今の時期に、温家宝氏がそこまで動き回らなくてはいけないのか」ということが疑問だったのですが、権力闘争《とうそう》が裏にあるということですね。

温家宝守護霊　うん。尖閣諸島を、「中国固有の領土だ」と主張して、日本にパンチを食らわすことが、私が死刑にならないために必要な条件だったんだよ、君。

日米がどう動くか、〝ジャブ〟を打って試《ため》している

立木　ただ、中国が、尖閣諸島の領有権を主張し始めたのは、一九七〇年ごろからですよね。それ以前は、中国の地図を見ても、日本の領土として記載《きさい》されています。

温家宝守護霊　いや、君ね、僕らはばかじゃないからさ。そんなこと、全部承知の上なんだよ。

立木　はい。

温家宝守護霊　承知の上なんだよ。だけども、大は小を制するんだよ。だから、君らは……。

立木　要するに、意図的に侵略《しんりゃく》してくるということですね。

温家宝守護霊　侵略したんじゃないんだよ。君らは、小さいから無視されるだけなんだ。それだけのことなんだよ。大と小とでは、正義が共通していないんだよ。残念だったな。

立木　要するに、「力が正義である。力の強い者が正しいんだ」ということですね。

温家宝守護霊　あなたがたが強いときには、満州国を建国し、さらに、中国の内陸部を爆撃して、侵略しまくったじゃないの。それは、あなたがたが強かったんですよ。

立木　でも、日中戦争は、中国側から仕掛《しか》けたと認識しております。

温家宝守護霊　そうは言うけどさ、あなたがたが弱かったら、できるわけないだろう。それができたのは、あなたがたが強かったからでしょう？

今、中国のほうが強くなろうとしているからさ。だから、今、ちょっと、〝ジャブ〟を打って、日本の軍事力と、軍事力の行使の可能性、それから、米軍がどう動くかを試《ため》してるんだよ。

日本の今の民主党政権はどう動くか。自衛隊はどう動くか。海上保安庁はどう動くか。米軍はどう出るか。世界各国はどう反応するか。これらを全部見るための試金石だ。

前回は逆で、私は日本に軟弱策《なんじゃくさく》をとった。媚《こび》を売るために、日本人民のなかに入って、一緒に体操したり、鳩山《はとやま》のご機嫌《きげん》を取ったりした。

その結果、帰国後に、ずいぶん叱《しか》られたから、今回は強硬策《きょうこうさく》をとって、大国の指導者らしい姿を見せた。中国人民の心を惹《ひ》きつけると同時に、諸外国に対して、凜《りん》とした態度、つまり、「中国の首相というのは、このくらい怖《こわ》いんだ」ということをお見せしたんだ。

そうしたら、なんだか、日本の「ばか政府」に対して同情する向きも（舌打ち）、一部出てきたのと、アメリカが、「尖閣諸島を日米安保の対象とする」なんて、ちょっと変なことを言い出した。ほんとに、国債《こくさい》を全部売り払ってやろうかしらね。「元《げん》を切り上げろ」とか、偉《えら》そうなことを言って、なんだかんだと悪さをしている。

日本にもCIAができたのかな？

司会　ということは、中国には、CIAに準ずる組織がかなりあるということですか。

温家宝守護霊　全部がCIAだよ、中国は。何言ってるんだよ。

司会　日本にも、そうとう来ていますか。

温家宝守護霊　もう、いっぱい来てるよ。在日なんか、ほとんどみんな、中国版のCIAだよ。

立木　沖縄《おきなわ》では、反米の動きや、基地に反対する動きなどがありますが、それはやはり……。

温家宝守護霊　それはやってるよ。中華《ちゅうか》料理店なんか、もう、みんな国家公務員の店だと思って間違いないよ。

司会　国家公務員が中華料理店をやっているんですか。

温家宝守護霊　そのようなものだと思って間違《まちが》いないよ。

司会　なるほど。

温家宝守護霊　君らは、それを「おいしい、おいしい」と言って食ってるんだ。

日本に尖閣沖《せんかくおき》の海底油田は与《あた》えない

立木　最終的な狙いとしては、やはり、尖閣《せんかく》から沖縄、そして日本全部を取るということでしょうか。

温家宝守護霊　尖閣は、もうすでに中国領土になってるんですよ、一九七〇年代に。すでに中国領土になっているやつを、四十年もたって、今、「それは中国の領土だ」と主張しているだけのことだね。当たり前のことを……。

司会　「中国の領土になっている」と主張しているわけですか。

立木　実効支配はあるのですか。

温家宝守護霊　中国の地図には、そう書いてあるんだから。

司会　それは、中国が勝手に書いただけでしょう。

温家宝守護霊　中国人民十三億人が、もうすぐ十四億人かな？　まあ、十三億人がそれを信じてるのに、君ら一億人が、「自分たちの領土だ」って言っても、「十三対一」だから、そんなもの、「十三」のほうが勝つに決まっているじゃないか。

司会　いやいや、そんなことはないですよ。

この間、毛沢東《もうたくとう》氏が出てこられたときに……。

温家宝守護霊　ああ、毛沢東が、どうした？

司会　毛沢東氏は、「言った者勝ちだ。根拠《こんきょ》のないことでも、何回も言えば、多くの人が信じるようになる」と言っていました（『マルクス・毛沢東のスピリチュアル・メッセージ』〔幸福の科学出版刊〕参照）。

温家宝守護霊　毛沢東が何を言っているんだ。もともと、毛沢東があれを仕組んだんじゃないか。中国の領土を……。

司会　いや、中国の体質として、「何度も言えば、本当になる」と……。

温家宝守護霊　「領土を広げろ」って言ったのは毛沢東だよ。何言ってんだよ。

司会　ええ。

温家宝守護霊　毛沢東は、処刑しなきゃいけないな。

司会　毛沢東氏は、「嘘《うそ》でも何でも、言い続ければ、本当になるんだ」と言っていました。

温家宝守護霊　嘘なんかつかなくても、本当だから本当なんだよ。

司会　本当ではないじゃないですか。だって、尖閣諸島は……。

温家宝守護霊　何言ってんだ。世界は中国のものなんだから、あんな島一個ぐらい何だ！

司会　石油が出るというので、それから言い始めたのではないですか。

温家宝守護霊　まあ、それはあるけどな。まあ、石油が出なかったら、もうどうでもいいんだけどね。それは、確かにそうであるけれども、「日本に与《あた》えてたまるか」っていうことだ。そんな軍事物資を日本に与えたら、危険じゃないか！（机を叩く）

日本は石油がなかったから、先の戦争で負けたんだろう？　石油があってごらんよ。戦い続けることができただろう。石油がないから、南方まで行って、あんな苦労をしたわけだよな。日本が独自に石油を持っていたら、日本国内に石油でも湧《わ》いていたら、きっと日本は負けてないよ、きっと。中国は、とっくに日本の植民地になっているだろう。

司会　それを防止する意味もあるということですね。

温家宝守護霊　そうそうそう。中国の防衛のためにも、日本にエネルギー資源を与えないというのは大事なことだから、尖閣諸島に海底油田の可能性があるのなら、ここは絶対、軍事的に押さえなきゃいけない。

台湾《たいわん》も取ろうとしてるのは、日本の将来の脅威《きょうい》に備えてのことだ。台湾を押さえ、シーレーン（海上交通路）を押さえてしまえば、西南アジアのほうから石油が日本に入らなくなる。われらが決断すれば、もう、一瞬《いっしゅん》で止められる。シーレーンを全部、封鎖《ふうさ》すれば、日本には石油が一滴《いってき》も入らなくなる。日本から防衛するためには、これは、ぜひともやらなければいかんことだな。

7　日本を植民地化する戦略について

すでに日本列島全体が、中国に実効支配されている？

司会　尖閣《せんかく》諸島を取るシナリオについて、教えていただけませんか。

温家宝守護霊　取るって言われても、もう中国のものだからな。

司会　まだ取れていないではないですか。

立木　日本は実効支配をちゃんとしていますよ。

温家宝守護霊　それは、船が動き回っているだけであって、中国の領海内を動き回ってるだけで、こちらは、それを黙認《もくにん》してるだけなんだよ。中国のものだよ。

司会　いやいや。でも、具体的に、どのように実効支配をしようと考えているんですか。

温家宝守護霊　だから、核《かく》兵器の照準を合わせて、「撃《う》つかもよ」と言っただけで、それで終わりだよ。

司会　「撃つかもよ」で、終わりなんですか。

温家宝守護霊　そうだ。もうすでに、日本列島全体が、中国に実効支配されているんだよ。

司会　現に狙《ねら》っているじゃないですか。

温家宝守護霊　君、知らないの？　だから、中国の植民地として、どう開発するかを見に、今、日本にいっぱい観光客が来てるじゃないか。

司会　あれは、何のために来ているんですか。

温家宝守護霊　日本をどう統治すればいいかを、今、みんな調べに来てるんだよ。

司会　観光客は、何か命令を受けて来ているんですか。

温家宝守護霊　まあ、普通《ふつう》の観光客も一部にはいるけれども、視察団がいっぱい入って来ているんでね。

司会　視察団が多い？

温家宝守護霊　おお。日本の産業、商売、文化など、全部、今、調べ上げて、日本攻《こう》略《りゃく》マップをつくっているところだ。

司会　いちばん知りたいのは何でしょうか。

温家宝守護霊　「日本を植民地にする場合、どのようにすればうまくいくか」を知るために、観光客を大量に送り込《こ》んでいるんだよ。

ヒラリー・クリントンを次の大統領にして「米中同盟」を結びたい

立木　今のところ、どういう計画を考えておられるのでしょうか。

温家宝守護霊　まあ、日本の繁栄をゼロにしたら、中国はそんなに豊かにならないから、「何とか、香港《ホンコン》、台湾《たいわん》風に生かしながら、取り込めないか」ということを、今、考えているところだ。

だから、民主党政権をうまく利用し、さらに中国寄りに引きずり込んで、アメリカから引き離《はな》したい。主たる戦略は、そういうことだな。

まず、アメリカを沖縄《おきなわ》から蹴《け》り出すことだ。これが、いちばん先だね。

次の段階は、日本の本島には、まだ、東京近郊《きんこう》など、いろんなところに米軍基地があるので、日本全国で反米運動を起こす。今、左翼《さよく》学生運動出身の政治家が国家を押《お》さえているからさ。彼らは中国が好きなので、彼らがいるうちに、米軍を撤去《てっきょ》させる。そして、アメリカは、グアムから必要なときだけ来るようにする。

さらに、財政危機により、米軍はグアムから米本土に撤退する。

この三段階のシナリオを描《えが》いているよ。

立木　そうすると、逆に言えば、日米同盟が強固であれば、中国は手出しができないということですね。

温家宝守護霊　まあ、それは、君たちの希望的観測だな。「日米同盟が強固であれば」とは言うが、アメリカは、今、五十五パーセントぐらいが日米同盟で、四十五パーセントぐらいは米中同盟の気持ちがある。差はちょっとしかないよ。

だから、何か一つ事件があったら、変わるよ。今の、沖縄の普天間《ふてんま》問題あたりをこじらせて、政府間感情を悪くし、米国の国民が感情をこじらせてだね、「日本は、もう同盟国として信用できない」という状態をつくれば、むしろ、米中同盟のほうに行くだろう。

われわれは、「オバマは一期で終わりだろう」と見ているので、次の大統領選でヒラリー・クリントンが大統領になり、米中同盟を結ぶことを、次の戦略としては考えている。

そうしたら、日本なんか、もう取り放題だ。アッハッハ。どうにでも料理できる。

立木　ヒラリー氏は、先般《せんぱん》、「尖閣諸島は、日米同盟の対象である」と言いました。

温家宝守護霊　そんなの口だけだよ、口だけ。口だけだよ。
中国は、ハニートラップが得意だからね。普通は男性を落とすのに美人女性を使うのだけれども、ヒラリー・クリントンも、最近、ちょっと、欲求不満がたまっとるようだから、美しい男性を送りつけて、逆ハニートラップをかけようと考えている。
ビル・クリントンなんかじゃ、もう満足できないだろうからね。中国出身のいい俳優がいっぱいいるので、彼女の取り巻きにして落としてやろうと、今、ちょっと考えておるところだ。

立木　それを画策されているんですか。

温家宝守護霊　だから、ハリウッドスター級の俳優を近づけて、亭主《ていしゅ》としばらくご無《ぶ》沙汰《さた》してるから、つらいだろうということで、ひとつ、逆ハニートラップをかけてやろうかと、今、思ってるところだ。
亭主なしで、世界を駆《か》け巡《めぐ》ってるんだよ。かわいそうじゃないか。だから、中国が助けてやろうと、今、思ってるところだよ。ぜひ、いろんなところで遊んでいただきたいね。

立木　ただ、アメリカの次の大統領選で、共和党の大統領が出てきた場合は、どうするのですか。

温家宝守護霊　共和党の大統領が出てくるのを阻止《そし》するために、チャイナロビーが、今、一生懸命《いっしょうけんめい》、動いているところだ。

民主党系のほうに献金《けんきん》して、共和党のほうの資金源を干すように、一生懸命、努力してるから、そう簡単には大統領にはさせない。オバマは、たぶん、アフガンで敗れて、また撤退していくだろうけど、日米ともに、何とか民主党路線が続くようにして、あと十年、時間を稼《かせ》ぎたいと思っている。

民主党系の政治家を手なずけようと〝餌《えさ》〟を撒《ま》いている

立木　ただ、今回の尖閣事件における中国側の動きを見て、日本のなかでは、中国に対する反発といいますか、国民世論として、「やはり、中国は危ない国だ。嫌《いや》な国だ」

という意識がかなり高まっています。

温家宝守護霊　いや、そんなこと言ったって駄目《だめ》だよ。菅《かん》が、とにかく、「まあまあ、元どおりに戻《もど》しましょう」と言ってるから、絶対、何もできやしない。菅は、自分の任期を全うしたいだけだからさ。なーんにもしないよ。

立木　あと、ナンバーツーの仙谷官房長官《せんごくかんぼうちょうかん》については、どのようにご覧になっていますか。

温家宝守護霊　仙谷は、そりゃあ、いい男だよなあ。次の総理だな。間違《まちが》いない。仙谷を次の総理にするように、中国は全面的に支援《しえん》しているよ。

司会　今の日本の政治家では、人脈として、どのパイプがいちばん太いのですか。

温家宝守護霊　パイプは、もともと、あまりないんだけどね。ただ、とにかく民主党系をできるだけ手なずけようとしているところではあるけどね。

まあ、去年は、小沢一派を手なずけに入っていたところなんで、とりあえず、民主党のなかの、あまり保守の意識を強く持っていない人の間で政権をたらい回しにする方向で考えているな。

司会　先日、民主党の細野《ほその》元幹事長代理が訪中し、そのあとすぐにフジタの社員が解放されました。このあたりは、何かパイプがあったということなんですか。

温家宝守護霊　このへんは、君、そんなにしゃべることじゃないが、まあ、今、あっちこっちに餌《えさ》を撒《ま》いてるさ。

司会　せっかくお越しいただいたので、ぜひ、そういうところもお聴《き》きしたいと思います。

温家宝守護霊　だから、〝手土産《てみやげ》〟をやれば、そいつが出世するだろう。まあ、そういうことはあるわな。手柄《てがら》を立てさせてやるということだ。

司会　あの方は、どういうルートで行っていたのですか。

温家宝守護霊　どういうルートって、君、そりゃあ、どういうルートもこういうルートも……。

司会　なぜ、急にあの方が行ったのでしょうかね。

温家宝守護霊　いや、どういうルートもこういうルートもないよ。まあ、いっぱい手はつけてるさ。あっちもこっちも、可能性があれば……。

司会　それでは、中国からのアプローチがあったのですか。

温家宝守護霊　まあ、それは相思相愛だよ。日本の政治家には、中国が大好きな人がいっぱいいるんだから、目星を付けて、こちらが恩義を施《ほどこ》してやれば、彼らは出世する。まあ、そういう関係だな。だから、子飼いにしているのよ。

フジタの社員が解放された理由

司会　あのときの訪中では、どういうやり取りがあったのですか。なぜ、即日《そくじつ》、解放になったのですか。

温家宝守護霊　君、司会者が余計なことを言いすぎるよ。もう、司会者は三十秒以上しゃべっちゃいけない。

司会　いやいや。なぜ、訪中したら、すぐに……。

温家宝守護霊　君、話がマイナーすぎるよ。もっと大きな、天下国家、世界について語ろう。

司会　ちょっと待ってください。話をそらすということは、やはり、訊《き》かれると何か嫌なことがあるからですか。

温家宝守護霊　えっ？　何が嫌なんだよ。

司会　そこで話をそらすということは……。

温家宝守護霊　何が？　話が、あんまりくだらないからさ。

司会　あれだけ菅首相が言っても解放されなかったものが、どうして、すぐに解放されたんですか。

温家宝守護霊　うーん、そんなことはないが、まあ、時期的に、退屈《たいくつ》してきたから、そろそろいいかなと。

司会　その程度の理由で解放されたのですか。

温家宝守護霊　フジタで弄《もてあそ》ぶのは、まあ、このくらいかなあと思ったからな。プラスよりマイナスのほうが大きくなるといかんからね。日本のほうは解放したのに、こちらがいつまでも拘束《こうそく》していたら、こっちに非難が来るじゃないか。だから、時期的には、あれでも、ちょっと延ばしたほうだわな。

立木　あのタイミングでは、「漁船が衝突《しょうとつ》したときのビデオを、公開するか、しないか」という話もあったわけですが、「公開しない」というような〝密約〟があったのでしょうか。

温家宝守護霊　日本はばかだね。さっさと公開すりゃあいいのにね。やっちゃったら終わりなのにね。

立木　そうですね。はい。

温家宝守護霊　あんなのを交渉《こうしょう》材料にされてしまったということ自体が、政権がアホな証拠《しょうこ》だわな。

司会　そうですねえ。

温家宝守護霊　ばかだわね。

立木　思う壺《つぼ》ですね。

司会　中国は、「海上保安庁の船がぶつかってきた」と言っていますものね。

温家宝守護霊　そんなもの、うちがぶつかったに決まってるじゃないか。

司会　（笑）

温家宝守護霊　ばっかじゃないか。

立木　真相を語ってくださって、ありがとうございます。

軍部の計画上、「日本の併合《へいごう》」は終わっている

温家宝守護霊　日本の「ばか政権」には、ほんとに感謝してるよ。こんな弱い政権で、中国は、もうほんとに、安全に対して百パーセントの信頼を持ってるよ。

司会　一説によると、フィリピンやインドネシアよりも外交が弱いと言われています。

温家宝守護霊　この国だったら、簡単に取れるんじゃないかと思っている。だから、あとは、アメリカを、どう料理するかだけだな。

まあ、「オバマかヒラリー・クリントンなら、いけるかな」と、今、ちょっと踏《ふ》んでいるんだ。どのくらいまでいけるか。取ったとしても、どのくらいまでならアメリカが我慢《がまん》するか。今、ちょっと様子を見ているところだ。

立木　次の具体的なアクションとしては、何を考えていらっしゃいますか。

温家宝守護霊　まあ、世界情勢にもよるけれども、軍部のほうは、もう作戦は立てて

いる。立案は終わっている。

立木　では、尖閣諸島を取るという……。

温家宝守護霊　尖閣なんかじゃなくて、彼らの作戦としては、もうフィリピンから向こうまで出来上がってるからね。

立木　もうすでに計画中なんですね。

温家宝守護霊　すでにできてる。マレーシア、フィリピン、シンガポール攻略まで、もう全部入ってるから、日本なんかとっくの昔に終わってるよ。計画上、もう併合《へいごう》は終わってるんだよ。

立木　その計画は阻止したいと考えています。

温家宝守護霊　君らにできるもんか。

立木　しっかりと危機を訴《うった》えて、日本の国論を変えていきたいと思います。

温家宝守護霊　君らは、今、落選世界記録を更新中《こうしんちゅう》なんだろう?

立木　当選するように頑張《がんば》りたいと思います。

温家宝守護霊　まあ、もうすぐギネスブックに載《の》って、有名になるかもしれないがさ。中国では、君らみたいな政党は存立しないからね。

立木　それだけ、日本は自由な国だということです。

温家宝守護霊　中国では、もう、弾圧《だんあつ》して潰《つぶ》すからね。

立木　日本は素晴《すば》らしい国だと思っております。

温家宝守護霊　うーん、まあ、君らの反論なんていうのは、蚊《か》が刺《さ》している程度だよ。今のところ、全然こたえないね。

沖縄を見なさいよ。中国の工作員が動いただけで、全部反米になって動いてるじゃないか。あれを見なさいよ。われらに、どれだけ政治力があるか、よく分かるだろう。

立木　ただ、現地の方々も、今回の事件でだいぶ変わってきて……。

温家宝守護霊　いや、そんなのは君らの仲間内だけの話じゃないか。外は、そんなことはないよ。もう、「親中嫌米《けんべい》思想」をどんどん広めているから、君らの力で、一パーセントも動かせたら大したもんだよ。

立木　頑張ります。それでは、ここで質問者を交替《こうたい》いたします。

8　具体的な「日本攻略《こうりゃく》のプラン」とは

香港《ホンコン》を〝野放し〟にしているのは、台湾《たいわん》を取るため

温家宝守護霊　ああ。もっと人相の悪いのがいるのか（会場笑）。君、刑務所《けいむしょ》から出てきたばかりじゃないだろうな？

綾織　いやいや。

温家宝守護霊　何だか見たことあるよ。そうだ。アメリカ映画の「ロッキー」っていうのがあってさ。相手役のロシア人で（会場笑）、こういう鉄の歯が生えたようなのがいたな。

司会　映画をよくご覧になるんですね？

温家宝守護霊　観てるんだよ。意外に、わしは退屈《たいくつ》だからね。たまには観るんだよな。

敵地研究のために、やっぱり勉強しなければいけないしね。

司会　そうですか。

温家宝守護霊　君、マシーンと違《ちが》う？

綾織　いいえ……。

司会　言論マシーンということですか。

温家宝守護霊　ああ、言論マシーンね。

綾織　私は、月刊「ザ・リバティ」（幸福の科学出版刊）の編集長をしている綾織《あやおり》と申します。

温家宝守護霊　フーン、英語なまりの人、私は気に食わないね。

綾織　本日は、中国の偉大《いだい》なトップリーダーとのインタヴューの機会をいただき、本当にありがとうございます。

温家宝守護霊　もう、感謝だけで帰っていいよ（会場笑）。

綾織　中国の国家戦略について、今、いろいろとお聴《き》かせいただきました。私からは、もう少し、具体的なことをお伺《うかが》いしたいと思います。

中国のいちばんの目標は台湾《たいわん》だと思いますが、アメリカは、「最後の最後には台湾を護《まも》る」という意志を持っていると思います。その点について、どういう戦略を立てておられるのでしょうか。

温家宝守護霊　君も甘《あま》いなあ。中国では、台湾は、もう「台湾省」として、みんな認識しているんだよ。台湾省だ。一部、反乱分子がいて、まだ平和裡《り》にうまく併合《へいごう》できずにいるだけで、もう台湾省として認識されている。

「すでに台湾省だが、『経済的な自由を保障してくれなければ一緒《いっしょ》になれない』とごねているだけだ」と認識している。だから、中国の南部のほうで経済的繁栄《はんえい》をなるべくつくって、「中国と一緒になっても、一切《いっさい》、問題はありませんよ」ということを示そうとしているわけだ。

まあ、香港《ホンコン》なんかも、もっと弾圧《だんあつ》したいんだけど、我慢《がまん》している。「台湾を取るまでは、香港では、できるだけ何もするまい」と思って、われわれは、忍耐《にんたい》に忍耐を重ね、必死に、我慢してるんだよ。

ほんとは、やりたいことがいっぱいある。言論統制もかけなきゃいけないし、いろんな活動にネット（網《あみ》）をかけなきゃいけないんだが、まあ、香港を〝野放し〟にして、「一緒になっても大丈夫《だいじょうぶ》だ」と言って、今、台湾を引き寄せているところだ。

中国の軍事予算は、発表額の五倍以上ある

綾織　現時点では、米軍のほうが、まだ台湾周辺でも強いと思います。それに対して、中国は、今、潜水艦《せんすいかん》を増強したり空母を建造したりしていますが、この軍事バランスを、どの時点で逆転させていこうと考えておられるのでしょうか。

温家宝守護霊　うーん。まあ、君は、中国の軍事費用が二重底であることぐらいは、知ってるよな。

発表されている数字と、実際に使っているカネの量は全然違うからね。国家予算の

すべてに、実は軍事費の一部が組み込《こ》まれている。例えば、公共工事の予算として組んでも、その一部は軍事費として使われているわけだ。だから、本当の軍事予算は、アメリカも、あなたがたも、まだ知らない。本当の軍事予算は、あなたがたがつかんでいる額の五倍以上はある。

その溢《あふ》れる軍事予算で、あなたがたが知らないものが、たくさんつくられている。ハッハッハッハッハ。大国っていうのは、そういうものなんだよ、君。君らみたいに、細かく、「ここの予算を削《けず》りましょう」とか、「このダムは潰《つぶ》しましょう」とか、そんなばかげたことはやらないんだ。こんな小国とは話にならんわ。

専門は地質学なので、経済には強くない

司会　経済的には大丈夫でしょうか。

温家宝守護霊　何が？

司会　元《げん》の切り上げとか。

温家宝守護霊　十パーセントの成長をしてるんだ。そんなもの、もう……。

司会　元の切り上げに、中国はそうとう反発していますが。

温家宝守護霊　元の切り上げ？

司会　はい。

温家宝守護霊　そんなことを言ってくる国は、踏《ふ》み潰してやる。

司会　踏み潰す前に、危ないのではないでしょうか。

温家宝守護霊　何が危ない？

司会　包囲網《ほういもう》を張られていますよね？

温家宝守護霊　包囲網？　あれで包囲してるつもりか。

司会　ＥＵとアメリカで。

温家宝守護霊　熊《くま》を猟犬《りょうけん》が二、三匹《びき》で囲んでいるぐらいの感じじゃないのか。

司会　元の切り上げは、やはり嫌《いや》ですか。

温家宝守護霊　まあ、爪《つめ》をよく研《と》いでおいて、一発で倒《たお》すことに努力する。だから、この前、ヨーロッパへ行って、「ギリシャも、イタリアも、中国が助けてやる」と言うて、ほらを吹《ふ》いて帰っておるわけじゃないか、君。

司会　やはり、中国では、元の切り上げに対して、そうとう危機感を持っているわけですか。

温家宝守護霊　そりゃあ、反対に決まっておるだろう。そうなったら、輸出が難しくなるよな。

司会　ええ。

温家宝守護霊　中国は被害者《ひがいしゃ》だからね。被害国家だから、世界には、中国を繁栄させる義務があるんだよ。第二次大戦で、被害を受けたんだからな。

綾織　その輸出の部分ですけれども、サブプライムローンの危機以降、中国は輸出が低迷しており、国内でなんとか……。

温家宝守護霊　君、ほんとに人相悪いなあ。ほんとに嫌な顔をしてるなあ。

綾織　そこで景気刺激策《しげきさく》として、巨額《きょがく》の財政支出をしたり、金融緩和《きんゆうかんわ》を大胆《だいたん》にしたりしていますが、お金が不動産のところに向かい、近々、バブルが崩壊《ほうかい》するのではないかと見られています。

温家宝守護霊　いやあ、バブルじゃなくて、今、本当の世界帝国《ていこく》になろうとしているところなんだ。

司会　日本の教訓を学んでおられないのではないでしょうか。

温家宝守護霊　日本みたいな小国は、どうでも……。

司会　いやいや。不動産の価格が上がるのを、今、抑《おさ》えようとしていませんか。

温家宝守護霊　うーむ。ま、価格が上がってはきている。

司会　規制して、購入《こうにゅう》しづらくしようとしていますよね？

温家宝守護霊　今、いろんなものを建てても、ちょっと空《あ》き室が多いからねえ。

司会　それは、日本が失敗した手法とよく似ているんですよ。

温家宝守護霊　まあ、でもね……。うーん。いや、ほんとは、俺《おれ》、経済はそんなに強くないいんだよ。

司会　知らないんですね？

温家宝守護霊　うんうん。よくは分からないんだよ。

司会　では、どうぞ、そのやり方でおやりください。

温家宝守護霊　よく分からないけど、ただ、外国へ送って勉強させてきた専門家はいるので、そいつらの意見でやっているんだ。

俺は、最近、問題になったレアアースとか、希少金属とか、あちらのほうが専門なんだよ。地質学が専門の俺に、経済なんか分かるわけないだろう。

司会　では、不動産バブルが起きているのなら、思いっ切り潰してください。

温家宝守護霊　そうなの？

司会　そうしたら、〝うまくいく〟と思います。

温家宝守護霊　じゃあ、頑張《がんば》って大きくして潰すわ……。な、な、な、君ら、何を言わせるんだよ（会場笑）。

経済はよく分からないけど、専門家が揃《そろ》っているから、まあ、大丈夫だろうと思う。

日本攻略《こうりゃく》は、まず「沖縄《おきなわ》」から始め、
ゆくゆくは「横須賀《よこすか》」を中国の軍港にする

綾織　バブル崩壊は、今年あるいは来年あたりに起きるのではないかと言われています。そうなると、失業者がかなり増えますし、暴動も起きて、政治的に不安定になると思いますが。

温家宝守護霊　だから、そういうことを起こさないために、今、戦争の準備に入ってるんじゃないか。外国の領土を取って、そこへ失業者たちを送り込むんだよ。そうすれば、職に就《つ》けるだろう？

カネが余っていて労働力が足りない国がたくさんあるから、そこに、中国から労働力を送り込もうとしている。そして、失業者を吸収する。彼らは、国内で暴動せずに、外国で暴れとりゃいいわけだ。外国の反乱分子と戦うことを仕事にすれば、暴動する失業者たちを消せるわけだから、それで、いいんだよ。

綾織　それが、先ほど言及《げんきゅう》された、「日本攻略《こうりゃく》のプラン」の一つでしょうか。

温家宝守護霊　まあ一つだね。うん。それは、そのとおりだ。まず沖縄《おきなわ》から始めて、順番に統治していかないといけないね。

沖縄は、百二十万ぐらいの人口があったかな？　だから、まず沖縄に、中国から二百万人ぐらい送り込んで、統治するよ。二百万人いれば、いかなる選挙をやっても、中国人が勝つからさ。沖縄支配は……。

司会　ただ、米軍がいるかぎり、できないのではないでしょうか。

温家宝守護霊　だから、自民党でも民主党でもいいから、頑張って、早く米軍を追い出してよ。

司会　今度、沖縄県知事選があるのですが。

温家宝守護霊　ああ、それで追い出してくれたらいい。

司会　米軍基地の県外移転という案も出ていますが、やはり大賛成ですか。

温家宝守護霊　うん。いいんじゃないか。まず県外移転を決めてしまうんだよ。どうせ、受け入れる所はないから、結局、宙に浮《う》いたままになる。そして、日米関係が悪化する。しょうがないから、グアムへ帰る。グアムにいるやつは、ハワイへ帰る。米国本土へ帰る。どんどん引いていったらいいんだ。歴史を逆転させるのさ。

司会　中国は、最終的に、どのラインまで出ていこうとしているのですか。

温家宝守護霊　最終的には、ハワイまでだ。

司会　ハワイまで？

温家宝守護霊　ハワイまでは取るつもりでいる。

司会　では、グアムに米軍がいると、まだ、都合が悪いわけですね？

温家宝守護霊　グアムも取るよ。

司会　取りますか。

温家宝守護霊　米国はグアムを占領《せんりょう》しているが、これは、やっぱり侵略《しんりゃく》じゃないのか。

司会　はい……。

温家宝守護霊　ハワイとグアムは植民地だよな。これは、アジアに対する侵略行為《こうい》だと私は思ってるよ。

司会　ハワイに出ていくに当たり、最も重要なルートはどこになるのでしょうか。

温家宝守護霊　まあ、そうだねえ。ハワイに行くとなると、やっぱり、沖縄のところはどうしても……。

司会　沖縄が欲《ほ》しいということですか。

温家宝守護霊　ここを通過しなければいけないので……。

司会　もし、台湾のほうが取れたら、どうしますか。

温家宝守護霊　あっちからでも行けなくはない。まあ、ビルマ（ミャンマー）、タイ、ラオス、シンガポール、マレーシア、インドネシア辺りも全部取るつもりでいるので、別にどうってことはないけどもね。まあ、そこを取る前の段階で止められるのが、ちょっと嫌だからな。

司会　最短距離《きょり》で行くなら、やはり宮古島《みやこじま》の辺りですか。

温家宝守護霊　最短距離？　君、ちっこい話してるなあ。横浜《よこはま》辺りを中国の軍港にするつもりでいるのに。何を言ってるんだ。

司会　ああ、そうなんですか。

温家宝守護霊　米軍が撤去《てっきょ》したあと、あれは中国の軍港になるんだ。

司会　横浜というか、横須賀《よこすか》ですよね？

温家宝守護霊　横須賀か。ごめんなさい。よく分かんねえんだよ。

今、横須賀は、第七艦隊の基地になっているんだろう？　あれが、そのうち、中国艦隊の基地に変わるんだよ。日本で補給して、それから、ハワイのほうまで行くからね。

司会　なるほど。

日本を〝共同統治〟し、中国語を公用語にしたい

綾織　日本攻略プランについて、もう少し具体的にお伺いしたいのですが、先ほど、「日本の富を奪《うば》っていく」という話がありました。

温家宝守護霊　富を奪っていくわけじゃなくて、もちろん、〝共存共栄《きょうそんきょうえい》〟で、君たちが生きていけるだけの分は残すつもりでいるよ。

綾織　いろいろな金融資産を奪っていき……。

温家宝守護霊　いや、奪うんじゃなくて、君らと〝共同〟して発展しようとしてるんだよ。うん。〝共同統治〟だよ。

綾織　中国へ貢《みつ》がせるということですか。

温家宝守護霊　貢がせるというよりも、一体なのだよ。運命を一体化しようとしているだけなんだ。ま、夫婦みたいなもんだな。

綾織　例えば、「教育を、こうしたい」というようなプランはありますか。

温家宝守護霊　それは、もう、中国と同じ教育を、中国の高いレベルの教育を、日本にも施《ほどこ》してやらないといけないな。

日本の教育はすごく落ちぶれて、今かわいそうな状態だな。世界ランキングがすごく落ちてるし、英語なんか、もう、中国人の足下にも及《およ》ばないらしいね。中国では、英語熱がすごいよ。これは、敵性国家を研究しているわけだ。

先の大戦で、アメリカは、日本語の研究者をたくさん養成したが、日本人は、アメリカの言葉を禁止して、ベースボールを野球と訳し、ストライクを「よし一本」と言うようにして戦争に負けただろう?

われらは、これにちゃんと学び、今、英語熱を高めて、英語をしっかり勉強しようとやってますよ。そして、日本人より遙《はる》かに高い英語力を持ってますよ。留学だって、どんどんさせている。「向こうでシンパをつくり、産業秘密を盗《ぬす》んで帰ってこい」と言って、次々と密使を送っとる。

綾織　例えば、日本語の部分は、どうするつもりですか。

温家宝守護霊　日本語?

綾織　はい。

温家宝守護霊　まあ、方言としては残してもいいよ。

綾織　方言として？

温家宝守護霊　うん。漢字を使ってるから、漢字を一部いじれば、使えなくはないわな。方言としては残せる。

江戸《えど》時代までは、漢文で手紙を書いてたんだろう？　だから、中国語に戻《もど》すのは簡単じゃない？　わずか百五十年しかたってないんだから。元に戻せばいいだけだ。

綾織　そうすると、新疆《しんきょう》ウイグル自治区などの統治政策と、ほぼ同じようなかたちになるということでしょうか。

温家宝守護霊　まあ、二種類ぐらいの言語があるのは、よくある話だからね。中国語は、もちろん、公用語にしなければいけないとは思うけれども、日本語も方言としては使ってもいい。許可する。日本人同士で話すとき、多少は要《い》るだろうと思うので、残しておいてやるけれども、正式な言語としては中国語で行く。まず教科書を中国語に変えて、正規の教育を中国語でやれば、そうなるだろう。まあ、庶民《しょみん》が、方言として日本語を話す分には、いいんじゃないか。

マスコミを中国の支配下に置き、親中的な発言以外は許さない

綾織　中国国内では、「言論の自由」が完全には認められていませんが、日本については、どのようにするつもりですか。

温家宝守護霊　そう？　わしは、〝正しい言論〟は全部認めているつもりだけどな。

綾織　中国では、異論を許さないところがあります。

温家宝守護霊　政府のお墨付《すみつき》がある議論は、全部、正しいんだ。

綾織　日本については、どのようにするつもりですか。

温家宝守護霊　日本？　もちろん、親中的な発言以外は許さないよ。それは当然だよ。

司会　やはり、画面が消えてしまうんですか。

温家宝守護霊　え？　画面って何？

司会　テレビの画面を消したりするんですか。

温家宝守護霊　画面？　テレビそのものが中国経営になるんだから、画面を消すなんて、そんなケチなことはしない。そもそも、番組制作そのものが、中国の支配下に置かれるんだ。

司会　先日、ノーベル平和賞の受賞を伝える、外国テレビ放送の画面を消したのは、温家宝首相の指示なんですか。

温家宝守護霊　私が、そんなことをするわけがないでしょう。

司会　そんな小さいことはしないんですか。

温家宝守護霊　ネット警察が三十万人もいるんだから。

司会　自由にやってると？

温家宝守護霊　自由にできますよ。君らのところも盗聴《とうちょう》されてるかもしれないな。

司会　ええ。かもしれませんね。

温家宝守護霊　分かんないよ。スパイが入ってるかもしれない。

司会　そんなに、たくさんいるんですか。

温家宝守護霊　うーん。いっぱい送り込んでるよ。

司会　あなたは、幸福の科学を知らなかったのではありませんか。

温家宝守護霊　ああ、知らないんだ。そうだ、そうだ。俺は知らないんだ。ま、例えばの話だよ。だから、君らが言うように、ほんとの政党になったら、うちのスパイは絶対入るからね。

司会　スパイは企業《きぎょう》にもそうとう入っているんですか。

温家宝守護霊　それは入ってるよ。当たり前だ。日本の企業はばかだな。中国にたくさん現地工場をつくってくれるから、もう取り放題だよ。

司会　以前、イージス艦の情報漏洩《ろうえい》とかもありましたが、ああいうのも……。

温家宝守護霊　君、細かいことを言うねえ。もう、細かい話はやめようよ。な？　おっきな話をしよう。

日本を攻撃《こうげき》するときは、まず「サイバー攻撃」から始める

司会　では、大きな話といえば、日本の軍事機密は全部もう盗んでいるんですか。

温家宝守護霊　いや、全部は盗めないよ。さすがに、日本もそんなばかじゃないからね。全部は盗めないけれども、かなり侵食はしている。

特に君らは、中国をばかにしてると思う。中国を後進国だと思ってるのかもしれないが、インターネット系はそうとうやっているんだ。

中国が日本を侵略するときには、君らは、「砲弾《ほうだん》が飛んで来る」と思ってるだろうが、それは違うよ。日本を攻撃《こうげき》するときは、サイバー攻撃から始めるからね。中国からサイバー攻撃をかけられるなんて、思っていないだろう？　いきなりサイバー攻撃をか

けるからね。
まず、日本の電子機器類を使えないようにする。そこから始める。指揮命令系統が全部壊《こわ》れてから、軍事行動を起こす。
「画面に何も映らなくなった」とか、「電話が通じなくなった」とか、まず、いろんな情報が取れなくなって、日本中がパニックしたあと、上から爆弾《ばくだん》が落ちてきます。
綾織　それは、もうプランとして固まっているわけですか。
温家宝守護霊　人工衛星を使って、そういうサイバー攻撃をかけることを、今、研究中で、もう、日本なんか相手にしていないんだ。研究の中心は、「アメリカの軍事衛星を、どうやって破壊するか、混乱させるか」ということにあって、日本なんか問題外なんだよ。
司会　そうですか。
温家宝守護霊　うんうん。

司会　ある予言者によれば、「二〇一二年には、日本はもう植民地化の危機に陥《おちい》るだろう」と言われています（『人類に未来はあるのか』〔幸福の科学出版刊〕参照）。

温家宝守護霊　ああ、私の心のなかには、もう、こんな国はないよ。

司会　二〇一二年には、もうないのですか。

温家宝守護霊　年号はよく知らないけどさ。

司会　はい。

温家宝守護霊　心のなかでは、もう併合されてるよ。

司会　そうですか。

温家宝守護霊　うん。要らない。とにかく悪いことばっかりするから、将来のためにも早く潰しておかないといけない。

司会　「悪いこと」というのは、結局、何ですか。

温家宝守護霊　だから、君みたいな、悪い思想を持った人間が繁殖《はんしょく》しているということが、悪い。

司会　思想？　どういう思想ですか。

温家宝守護霊　間違った思想が繁殖している。

司会　「国家社会主義のほうがよい」ということですか。

温家宝守護霊　国家社会主義って、君が、何のことを言ってるのか、分からないけれども……。

司会　要するに、「国民は国家のためにある」という考え方のほうがよいわけですか。

温家宝守護霊　十三億、十四億の民《たみ》が信奉《しんぽう》している思想のほうが、正しいに決まってるじゃないの。君らは、そんな、ちっちゃい宗教をつくって、「世界宗教を目指す」なんて言ってるけど、人を騙《だま》すのもいい加減にしなさいよ！

司会　いや、しかし、けっこう騙されていませんか。

温家宝守護霊　ん？

司会　世界を。

温家宝守護霊　誰《だれ》に騙されてる？　こっちは騙すほうだろう？

司会　騙していますよね？

温家宝守護霊　ん？　君、変なロジックを使うなあ。

司会　いやいや。とんでもないです。

日本を取れば、当然、日本企業《きぎょう》も中国のものにする

司会　もう一つ、気になるのは、日本の経済人が、今、かなり中国寄りになっていることです。

温家宝守護霊　それはそうだよ。儲《もう》かるからね。

司会　これは、そうとうな〝仕込み〟があったわけですか。

温家宝守護霊　だってさあ、中国でやれば、人件費が安いからコストダウンできるでしょう？　人件費が十分の一になるから、安くつくれる。そして、日本国内では、高いところが潰れて、安売りしているところだけが勝ってるでしょう？

日本の企業《きぎょう》は、それで儲かって、利益を伸《の》ばしているし、また、中国も力をつけ、購買力も出てきているから、今度は日本のものも買ってくれる。経済界から見れば、もう中国様々《さまざま》で、「未来は中国にあり」と誰もが思ってるよ。

司会　しかし、今回のレアアース問題で、中国から引こうとしている会社も、けっこう出てきています。これは失敗ではありませんか。

温家宝守護霊　うーん。まあ、日本人て、根本的にばかだろう？　だから、三カ月もすると、みんな忘れちゃうんだよ。

司会　忘れちゃう？

温家宝守護霊　三カ月で忘れるんだ。長くないんだよ。「ギャー」って言って、すぐ忘れちゃうんだ。三月《みつき》したら忘れてる。それが日本だよ。中国人は、四千年ぐらい忘れないけどね。

司会　ただ、日本の先端《せんたん》技術は欲しいんですよね？

温家宝守護霊　だから、秋葉原《あきはばら》でたくさん買っていってるじゃないか。

司会　そんなことで、足りるのですか。

温家宝守護霊　うん。十分だよ。

司会　今、中国に進出している日本企業は、最終的にどうなりますか。

温家宝守護霊　全部、中国のものになるよ。

司会　中国のものになる？

温家宝守護霊　うん。

司会　接収する?

温家宝守護霊　中国と日本は一緒なんだからね。同一国家になれば、全部、中国のものになる。

司会　「日本の資本が入っている」というのは関係ないんですか。

温家宝守護霊　資本関係と言ったって、全部、中国政府の支配する会社だ。

司会　中国の法律で決めてしまう?

温家宝守護霊　中国の法律は、日本にも適用されることになるからね。だから、結局、中国の支配に入る。

司会　その場合、日本の経営陣《じん》は、どうなるのでしょうか。

温家宝守護霊　経営陣?　中国語をしゃべれるやつだけ、残れるよ。君らも、早く中国語を勉強したほうがいい。英語なんかやめて、中国語を早くやったほうがいいよ。

司会　そうですか……。

温家宝守護霊　うんうん。わしらは英語を勉強してるけど、君らは中国語の勉強をしたほうがいい。そうしたら幹部になれるからね。

日本人を奴隷《どれい》にして、中国改造の労働力として使いたい

綾織　「日本はもう眼中にない」ということが非常によく分かりました。

温家宝守護霊　うん、問題じゃないよ、こんなの。

綾織　中国は、今後、「支配圏《しはいけん》を広げていく」ということですが、最終的には、どの辺りまで、中華《ちゅうか》帝国的なものを広げようとされているのでしょうか。

温家宝守護霊　日本なんか、もう眼中にないのはおっしゃるとおりだ。ただ、少なくとも、油田地帯は押《お》さえなければいけない。油田がたくさんあるサウジアラビア、イ

ラン、イラク、ドバイなど、あの辺りは全部押さえなければいけない。これは次の段階だね。

その次の段階は、アフリカを支配下に置くことだね。これは考えている。

当然、東南アジアといわれる所は支配下に置きますが、それは最初の段階で、その次は、鉄鉱石がたくさんあるオーストラリアまで取りに入ります。

やっぱり、石油だけでは駄目《だめ》で、鉄鉱石もないといけない。これから、中国は、鉄の需要《じゅよう》がすごく多くなるので、鉄とエネルギーと両方が要りますね。

あと、水資源が少し足りない。日本は、もう取るものが何《なん》にもないからさあ。まあ、現金以外に取るものといったら、水があるかもしれないので、日本は、「ミネラルウォーターをつくる国」にしてあげるよ。日本は水が豊富だから、今後、中国人民向けのミネラルウォーター産業へ、できるだけシフトするように。

司会　日本の土地を買っているのは、水が欲しいからですか。

温家宝守護霊　君、そんな細かいことを追及するんじゃないよ。中国人民は水に飢《う》えとるんだ。黄河《こうが》も揚子江《ようすこう》も水が使えないので、水がもっと欲しいんだ。水がなければ、人は生きていけないからさ。

今の日本のミネラルウォーターは、石油の値段と変わらないだろうから、値段を十分の一にしなければいけないな。中国人が買えるレベルの値段にね。

ミネラルウォーターが、一本十円か十五円ぐらいで買えるように、コストダウンをかけないといけないので、日本人の給料は十分の一に下げないといけないね。そして、一本十円ぐらいでミネラルウォーターが中国に入るようにして、食卓《しょくたく》に行き渡《わた》るようにする。

それから、日本には、水の浄化《じょうか》装置がだいぶあるようだから、中国の水を浄化して、きれいにするように。ま、そういう仕事は、君ら、下請《したう》けにやらそうとは思ってるよ。

司会　日本人にやらせると？

温家宝守護霊　だから、君らに下水工事とか、排水《はいすい》工事とか、土木工事とか、一部、仕事をあげるつもりでいるからさ。感謝しなさいよ。大手ゼネコンは、中国改造計画みんな奴隷《どれい》として連れて行って、向こうの労働力として、だいぶ連れて行くからね。で仕事させてやるからさ。

9 中国が考える対アメリカ戦略の要点

中国版〝スターウォーズ計画〟が進んでいる

司会　あなたは、「妙《みょう》に」と言ったら失礼ですが、アメリカや日本と比べて、自国への評価が非常に高いですよね。

温家宝守護霊　当ったり前じゃないか。

司会　数字が間違《まちが》っていませんか。

温家宝守護霊　え？　何？

司会　判断のもとになる数字が間違っていませんか。

温家宝守護霊　数字なんか間違っていない。中国は、昔から〝世界最強〟だ。

司会　下から上がってくる報告に、何か間違いはありませんか。

温家宝守護霊　何の間違いだ？　君。

司会　アメリカに勝てますか。

温家宝守護霊　アメリカに勝てるかって？

司会　軍事的に。

温家宝守護霊　うーん、まあ……。

司会　温家宝首相も、ピンポイントで狙《ねら》われたら、一発でやられますよ。アメリカは、そのくらいの技術を持っていますよ。

温家宝守護霊　君ねえ、私にだって影武者《かげむしゃ》ぐらいいるのを知らないのか。

司会　知りません。

温家宝守護霊　そういう前近代的な兵法が、中国にはあるんだよ。私の影武者ぐらいいは、いるんだよ。だから、僕《ぼく》を狙ったと思ったら、別人だったりすることはある。

司会　あなたは、外国にもよく出ているので、けっこうマークされているかもしれませんね。

温家宝守護霊　まあ、しかし、影武者がいるからね。そういう危険を察知したら、影武者が車に乗るから大丈夫《だいじょうぶ》だ。

司会　ただ、軍事力においても、国民一人当たりの経済力においても、中国はまだまだですよね。

温家宝守護霊　だけど、核《かく》戦争をやったら、中国が勝つよ。

司会　やるつもりですか。

温家宝守護霊　だって、十何億人も殺せるかね？　向こうの一億人や二億人を殺すのは簡単だ。

司会　アメリカを叩《たた》く前に、中枢部《ちゅうすうぶ》のリーダーが全部やられたら、どうしますか。

温家宝守護霊　いちおう、計算済みなんだよ。それは、もう分かっていて、こちらでも研究しているんだ。

でも、アメリカは情報に頼《たよ》りすぎているので、イージス艦《かん》が機能しなければ、アメリカ軍は動かないんだよ。そのために、まず、アメリカの人工衛星を一斉《いっせい》に撃《う》ち落とすところから計画は始まっている。こっちにも、〝スターウォーズ計画〟は、すでにあるんだよ。

だから、アメリカの軍事衛星を同時に爆破《ばくは》する。イスラムテロに見せかけて、同時にやる。これを一発やってしまえば、イージス艦などは全然機能しなくなり、トマホークも当たらなくなるからね。

あと五、六年で、アメリカとは対等の戦力になる？

司会　それは、計画としては分かります。ただ、現時点で、それだけの力はないわけですよね。

温家宝守護霊　いや、君は、過小評価してるんだよ。中国は、現時点でもう、そのレベルに行ってるんだよ。アメリカの衛星を撃ち落とせるところまで、もう来てるんだ。君ら、知らないのか。日本は、まだペンシルロケットみたいなのを撃ってるんだろうけどさ。

司会　では、現時点で、もう、「アメリカと戦って勝てる」という判断をしているわけですか。

温家宝守護霊　いや、今時点では、まだ勝てないかもしれない。遅《おそ》くとも二〇二〇年までには、勝てるようにしたい。

司会　二〇二〇年ですか。

温家宝守護霊　あと、五、六年で、だいたい対等の戦力になるとは見ている。もう二〇二〇年までにアメリカに追いつくつもりでいるんだよ。

司会　それまでの間に、経済発展が止まったら、どうしますか。経済発展が、軍事増強の条件ですよね。

温家宝守護霊　まあ、それは必要だが、うち（中国）は、あそこ（アメリカ）と違って、人民が言うことをきくからね。あそこは言うことをきかない。民主主義の国はとっても弱いので、こういう一元支配の国には勝てないんだよ。だから、経済的には敵《かな》わなくとも、うちのほうが強い。

米軍を追い出し、日本から核《かく》兵器を排除《はいじょ》したい

司会　日本を過小評価されていると思いますが、温家宝首相としては、日本がどう動いたら、いちばん嫌《いや》ですか。

温家宝守護霊　核《かく》兵器をつくられるのが、いちばん嫌だな。

司会　核兵器が嫌ですか。

温家宝守護霊　うん。だけど、自民党も民主党もつくれないだろう。うんうん。そらあ、もう、核兵器をつくられるのが、いちばん嫌だなあ。日本の技術でもって

すれば、二、三年以内にはできるだろうから、強い政治家が出てきて、核兵器をつくられたら、いちばん嫌だな。これは、条件がコロッと変わっちゃうな。

司会　米軍が核を持ち込《こ》んで、沖縄《おきなわ》に配備したら、どうでしょうか。

温家宝守護霊　沖縄には、もう入ってるよ。何言ってんだ。それは知ってるよ。うん。

司会　では、もうすでに嫌ではないのですか。

温家宝守護霊　「持ち込んだら、どうしよう」じゃない。もうすでにあるよ。沖縄に、核は来てるよ。

司会　それは、嫌ではないのですか。

温家宝守護霊　だから、「出て行け！」って言ってるじゃないか。

司会　沖縄の米軍を撤去《てっきょ》させることが、日本侵略《しんりゃく》の前提でしょうか。

温家宝守護霊　うん。米軍が持っていないわけないでしょう。日本が米軍を臨検するわけないでしょう。核兵器があるかどうか、日本の誰《だれ》が調べるんだ？　自衛隊が調べるの？　そんなもの、調べるわけがない。米軍は核を持っているに決まってるじゃないか。そんなの分かってるよ。

司会　では、米軍を撤去させる目的は、核ですか。

温家宝守護霊　核兵器の排除《はいじょ》をしなきゃいけないなあ。

司会　核の排除ですか。

温家宝守護霊　もちろん、そうです。核の排除が目的です。

もし、日本が核武装したら、危険度は増すけれども、日本はばかだから、核兵器を開発するとき、おそらく、まずマスコミに公表するので、マスコミに叩かれて、結局できなくなるだろう。政治家がそれを言ったところで、選挙に落選して通らないだろうから、結局、日本は植民地になるね。

司会　核兵器の配備を本気で考える政治家が政権を取ったら、どうですか。

温家宝守護霊　日本人には無理だろうね。外人に政権を渡《わた》せば、できるかもしれないけどね。

司会　ただ、今の温家宝首相の路線で行けば、ナショナリズムといいますか、国を護《まも》ろうという意識がかなり高まると思います。

温家宝守護霊　もう、十何億になったら、ナショナリズムじゃないんだよ。君、これは世界帝国《ていこく》なんだよ。

司会　いやいや、日本人のナショナリズムが高まるということです。

温家宝守護霊　日本人は、ナショナリズムなんか、もうないよ。日本人は、負け犬根性しかないんだよ、君。

司会　温家宝首相がさらに強硬的《きょうこうてき》に迫《せま》ってくればくるほど、日本には、「護ろう」という意識が出てきます。

温家宝守護霊　君ね、レアアースを止めたり、フジタの社員を四人捕《つか》まえたりしたぐらいで、日本が核武装するとは思っていないよ。

私らは、日本人のばかな政治をよく読んでるからね。日本には、戦略的な発想ができる人などいやしないし、それほど怒《おこ》る人もいやしない。嫌がることはあっても、「積極的に何かをしよう」なんていう人は、日本にはいやしないんだよ。

司会　日本は、もう、完全に眼中にはないということですか。

温家宝守護霊　ああ。政治家は、自分の議席を護ることだけしか考えていないし、幸福実現党が天下を取るには、あと二百年ぐらいかかるだろうからさ。そんなに心配はないよ。中国にとっては、すべて、追い風だね。問題ない。

司会　以前、毛沢東《もうたくとう》氏をお呼びしたとき、「中国のネックというか、いちばん怖《こわ》いのは宗教だ」と言っておられました（『マルクス・毛沢東のスピリチュアル・メッセージ』参照）。

温家宝守護霊　まあ、法輪功《ほうりんこう》みたいな、うっとうしいのがあるからね。君らも、何だか、公称《こうしょう》人数だけは多いから、いちおう警戒《けいかい》はされているようだが、今のところ、ギネスブックに載《の》るぐらいの負け方をしてるから、安心はしてるようだ。ま、第一党なんかになったら、ちょっと大変なことになる可能性はあるけど、今のところ、その可能性はないだろう。

10 温家宝守護霊《しゅごれい》は、いったい誰《だれ》なのか

司会　最後に、恒例《こうれい》の質問を……。

綾織　少し宗教的な質問になりますが、あなた自身のお名前を教えていただけないでしょうか。

温家宝守護霊　温家宝だよ。

綾織　お話を聴《き》いていると、過去の記憶《きおく》をお持ちのようですが。

温家宝守護霊　温家宝だ。

綾織　過去にも、中国に生まれておられるのでしょうか。

温家宝守護霊　いや、温家宝として生まれた。

綾織　温家宝として生まれておられるんですか。

温家宝守護霊　うん。

綾織　ずっと温家宝さんですか。

温家宝守護霊　温家宝だ。

綾織　かなり〝長寿《ちょうじゅ》〟でいらっしゃいますね。

温家宝守護霊　温家宝だ。温家宝だ。私は温家宝だ。

司会　あなたは、歴史上、有名な方ではないのですか。

温家宝守護霊　温家宝は有名だよ。

司会　いやいや。今も有名ですが、その前の人生です。

温家宝守護霊　君らは精神分裂《ぶんれつ》だから、何を言ってるか分からない。

司会　分からない？

温家宝守護霊　温家宝は、温家宝だ。

司会　本当は、自分が誰《だれ》だかご存じですね？

温家宝守護霊　温家宝だ。うん。わしは温家宝だよ。

司会　もっと古い時代に生まれていませんか。

温家宝守護霊　何のことを言ってるんだ？

司会　転生輪廻《てんしょうりんね》のことです。

温家宝守護霊　君ら、頭がおかしいんじゃないか。

司会　中国にも仏教は入っていますから、転生輪廻という考えはありますよね。

温家宝守護霊　仏教では、そんなことを言うのかねえ。今では迷信だろうよ。

司会　過去世《かこぜ》の記憶は、ご自分の意識のなかにまったくないのですか。

温家宝守護霊　中国で信じられているのは、せいぜい「気《き》」ぐらいまでだな。

司会　え？

温家宝守護霊　気功の「気」だ。この程度までしか、中国の宗教は許さないんだよ。

司会　うーん。「転生輪廻を言うことは許されない」というわけですね。

温家宝守護霊　許されるのは、気功と鍼治療《はりちりょう》ぐらいまでだな。あっ、太極拳《たいきょくけん》は許している。まあ、そのぐらいかな。

司会　温家宝首相は、過去世で有名な方ではなかった？

温家宝守護霊　君、何を言ってるんだ。分かんねえよ。

司会　分からない？

温家宝守護霊　中国は唯物論《ゆいぶつろん》の国家なんだよ。宗教はアヘンなんだ。

司会　そうですか。

温家宝守護霊　それを認めたら、私は正統派ではなくなる。

司会　では、今、あなたがいらっしゃる世界には、どういう方がおられますか。

温家宝守護霊　「今、いらっしゃる世界」って、君、変なことを言うなあ。

司会　あの世には行っておられないんですか。

温家宝守護霊　私は温家宝なのに、何てことを言うんだよ。

司会　いやいや。あなたは、一旦《いったん》、死んだはずですよ。

温家宝守護霊　え？　中華帝国《ちゅうかていこく》は大きいんだよ。君ねえ、だから、いろんなところに広がってるんだよ。中国には、あなたがたに見えていない国まであるんだよ。

司会　鄧小平《とうしょうへい》氏は、「自分は死んで、ヒトラーに会った」と言っておられました（『アダム・スミス霊言による「新・国富論」』参照）。

温家宝守護霊　ああ、そう。フーン。まあ、中国は大きいから、いろんな国があるんだ。まだ未開発の、未知なる秘境がたくさんあるからね。

司会　あなたは、〝地下帝国〟に行ったりしませんか。

温家宝守護霊　ん？　地下帝国？　地下帝国って何だ？

司会　ヒトラーの霊が、「地下に第三帝国ができた」と言っていたのです（『国家社会主義とは何か』参照）。

温家宝守護霊　フーン。よく知らないなあ。地下帝国って何だい？　俺《おれ》が地下帝国にいるって？　いや、地上にいるんじゃないか。何を言ってる。わしは温家宝なんだからさあ。

司会　温家宝首相に、ずっと、ベッタリくっついているんですか。

温家宝守護霊　いやあ、君、変なことを言うなあ。何を言ってるんだ。霊なんて、君、ないんだからね。迷信を言っちゃいけないよ。

司会　いや、今回、生まれる前にも、どこかで生まれていませんか。そういう記憶はありませんか。

温家宝守護霊　かすかな記憶で、君みたいなヤクザを、昔どこかで見たことがあるような気がする……。

司会　この人（綾織）も？

温家宝守護霊　いや、そんな顔は……。これは本格的なヤクザだよなあ。

司会・綾織　（笑）

温家宝守護霊　これは中国マフィアだろう、たぶんな。

綾織　日本と戦った記憶はありますか。

司会　あるいは、何か、戦乱の時代に生まれていませんか。

温家宝守護霊　うーん。そうだね、先に日本との戦争はあったからね。まあ、そのときには、もう生まれていたし……。

司会　いや、もっと前です。

温家宝守護霊　ん？　うーん。いやあ、君らの言ってることは分からないなあ。何言ってんだよ。現代人で、そんなことを信じる人はいるのか。

司会　しかし、なぜ、私を見たことがあるんですか。

温家宝守護霊　君みたいな顔は、ありふれてるじゃないか。

司会　そういうことですか。

温家宝守護霊　神戸の中華街とかに行ったら、君みたいなヤクザで、中華饅頭《まんじゅう》やギョーザを売ってるおやじがいるだろう。包丁を持って追いかけてくるのが、いるだろうが。まあ、だから、よくいる顔だよ。

司会　そういう意味ですか。

温家宝守護霊　そうなんだよ。

司会　この人（綾織）は見たことがなくて、なぜ、私は見たことがあるんですか。

温家宝守護霊　君、何だか、人殺しだったような感じで、なんか、ちょっと……。

司会　人殺しって、そんな……。

温家宝守護霊　何となく、そんな感じがするんだよなあ。

司会　今世《こんぜ》は、人を殺してはいません。

温家宝守護霊　人を殺していないのに、君は、こんな所に〝収容〟されてるのか。

司会　私は、基本的に宗教家です。

温家宝守護霊　宗教家だったら、君、頭を剃《そ》らなきゃいけないな。背広を着てるのは、おかしいよ。

司会　いやいや。それだけが宗教ではありません。キリスト教だって、別に頭は剃っていません。

温家宝守護霊　君ねえ、何だか、ずいぶん人殺しをしたような感じがするんだ。印象がなあ。何でだろう。わしは……。

司会　どこでですか。

温家宝守護霊　何だろうか。わしに、特殊《とくしゅ》な能力が備わったのか。何か知らんけど、なんとなく、「君は、ものすごい人殺しをしてたのに、なんで生きてるんだろうな」と思って……。

司会　戦ったんですか、私と？

温家宝守護霊　え？　君らの言うことは、もうひとつ、分からんなあ。中国では、転生輪廻なんか認めてないんだよ。だから、何を言ってるのかよく分からない。

司会　分かりました。では、このへんにしましょう。どうもありがとうございました。

11　温家宝首相が挑《いど》む「最後の戦い」とは

日米関係が修復したら、温家宝首相が失脚《しっきゃく》する可能性も

温家宝守護霊　最後に、お詫《わ》びか何《なん》かないのか。

司会　長時間、本当にありがとうございました。

温家宝守護霊　水しか出てこなかったことに対して、謝罪はないのか。

司会　日本の水は、中国にとっては石油ぐらいの価値があるでしょうから、ぜひ、お飲みください。

温家宝守護霊　石油と一緒《いっしょ》？　(机の上の水を飲む) ああ！　〝いい石油〟だ。

綾織　中国の野望が非常によく分かりました。今後、おそらく、世界中の人たちから

警戒《けいかい》されることになると思います。

温家宝守護霊　君、なんで、そんな不幸の予言をするんだよ。

司会　温家宝首相は、これから、次の……。

温家宝守護霊　次の国家主席になるかもしれないんだからな。こんな「タイム」に載《の》ったりしたら、国家主席になるかもしれないし、嫉妬《しっと》されて殺されるかもしれない。ま、今、賭《か》けに出てるところだ。ほんと言うと、中国では、こういうふうに有名になると、殺される可能性は高いんだよ。消されるかもしらんけれども、まあ、「最後の戦い」に挑《いど》んでるわけだ、私も。

司会　中国では、後継者《こうけいしゃ》として考えている人の名前を出したら、その人は必ず粛清《しゅくせい》されると伺《うかが》いましたが。

温家宝守護霊　実績をつくらないとな。しかし、実績をつくった場合にも、強い敵にやられることはあるので、気をつけないといけない。だから、上と下と両方とも、今、警戒している。

司会　そうですね。

温家宝守護霊　上にやられる場合と、下にやられる場合と、両方あるんだ。中国は怖《こわ》いんだよ。あるとき家にダダダダッと軍人が何十人も入ってきて、拉致《らち》されたら、それで終わりだ。消されるときは一瞬《いっしゅん》で消されるからね。政治的に負けたら、そうなる。

司会　今も、そうなんですね？

温家宝守護霊　今もそうだ。日曜日に、家で休んでるとき、いきなり、警官隊みたいなのが二十人ぐらいなだれ込《こ》んできて、拉致されたら、もう、それで終わり。二度と日の目を見ることはない。そういう国なんだよ。

日米関係を悪化させるべく、諜報《ちょうほう》部隊は全力を尽《つ》くしている

司会　その危険は、今、五分五分ぐらいですか。

温家宝守護霊　そうだねえ、わしがやられる可能性は、うーん……。

ノーベル平和賞と戦って勇ましいところを見せたから、人民の支持を得てるとは思う。ただ、上の嫉妬を少し買ってるのと、次の野心を持ってるやつらが下にいることはいるので、そいつらが、民主勢力と組んで、何かするかもしれない。まあ、軍部には、一部、過激派もいるのでねえ。うーん、まあ、ちょっと頑張《がんば》らなければいかん。

とにかく、次に、失敗してはいけないことは、「日米関係」だ。わしのタカ派路線は、中国内部での支持は得たんだけれども、わしの活動によって、亀裂《きれつ》が入った日米関係が修復しそうな傾向《けいこう》が出てきた。

もし、そうなったら、わしの失点になる。

それは失脚《しっきゃく》につながる可能性が極《きわ》めて高いので、もう一回、日米の仲を悪くさせるために、今、沖縄《おきなわ》問題に全力を集中しているところだ。

司会　それは普天間《ふてんま》問題ですか。

温家宝守護霊　そうです。うんうん。日米関係を悪化させることに、中国の諜報《ちょうほう》部隊は、今、全力を尽《つ》くしている。
司会　諜報部隊が沖縄に入っている？
温家宝守護霊　入ってます。もともといるけれども、だいぶ入ってる。
司会　何をしているんですか。
温家宝守護霊　え？　だから、反米思想を広める運動をやってる。
司会　誰《だれ》に広めてるんですか。
温家宝守護霊　要するに、「基地反対！　出て行け！」っていう人たちに、資金援助《えんじょ》したり、思想援助したり、いろんな便宜《べんぎ》を図《はか》ったり、まあ、いろんなかたちを間接的に使いながらやっている。だから、支持者が多いように見せ、その支持者を応援するかたちでやっている。
　それと、ロシアに〝参戦〟を呼びかけている。「北方領土も取られるぞ」と言って、ロシアを巻き込もうとしている。

司会　あれは、仕掛《しか》けたのですか。

温家宝守護霊　仕掛けてます。ええ。ロシアも一緒になって、日本潰《つぶ》しにかかるように、やっています。

左翼《さよく》マスコミを通じて、日本はすでに中国に〝支配〟されている

司会　では、これから、さらに激しく日本を攻《せ》めるということですか。

温家宝守護霊　ま、わしの政治生命が懸《か》かっておるからな。タカ派でいるかぎりは、中国の国内的には安泰《あんたい》だとは思うけれども、ただ、それが、日米関係を緊密《きんみつ》にして、米国の戦闘《せんとう》意欲をかき立てさせた場合には、わしの失敗になる可能性があるので、ちょっと危険だな。そこが、一つの試金石かなあ。

米国と仲良く〝離婚《りこん》〟してほしいんだ。「仲良く」じゃなくて、その、何て言うか、平和的に〝離婚〟を早くしていただきたい。だから、日本の左翼《さよく》マスコミも頑張っていただきたい。親中マスコミに頑張っていただきたいね。うん。

何？　胡錦濤《こきんとう》は、もうすでに出たんだね。評判は悪かったんだろう（『国家社会主義とは何か』参照）。

「温家宝の本心に迫《せま》る」か？　こんな広告を決して載せないような左翼マスコミが、〝岩盤《がんばん》〟をつくって日本を〝護《まも》って〟くれることを、わしは心から祈《いの》ってるよ。

司会　この霊言を出されると、まずい？

温家宝守護霊　まずいです。霊界《れいかい》を信じていない人たちに、信じさせることになるし、「霊界を信じさせる」ということは、「左翼の崩壊《ほうかい》」を意味するから、左翼の言論でもって売り上げをあげ、メシを食ってきた日本のマスコミに、経営危機が起きる。

しかし、中国としては、左翼マスコミと同通して、それを、日本を攻める道具として使い続けたい。

だから、今度の広告も、できるだけ載せないように、頑張ってやらないとな。今、朝日新聞の広報担当役員なんかにも、一生懸命《いっしょうけんめい》プッシュをかけているところだ。

司会　ああ、中国から手が回っているんですね。

温家宝守護霊　当然だろう！　君。

司会　そうなんですか。

温家宝守護霊　やらないわけないでしょうが。当ったり前じゃないですか。

司会　そうすると、うちの出版局は中国と戦っているようなものですね。

温家宝守護霊　そうですよ。中国と戦ってるんですよ。君ら、相手を間違《まちが》えちゃいけないよ。中国大陸と、ちびっこい出版社が戦ってるんだからさあ。

司会　それは、しかし、出版の社長にとっては、重要な情報ですね。

温家宝守護霊　中国と戦ってますよ。当ったり前じゃないですか。日本のマスコミを、戦後、支配してきたのは中国なんですから。

司会　朝日新聞のトップのほうが替《か》わっても……。

温家宝守護霊　替わっても同じだ。同じようなのばっかり出てくるから、あそこは金《きん》太郎飴《たろうあめ》だ。今のところ、大丈夫《だいじょうぶ》だと思う。全部わしの支配下にあるからな。

司会　あとは、この本を、世界に向けて、どのように宣伝したら、嫌《いや》ですか。

温家宝守護霊　まあ、わしの言論は、中国では支持されると思うけどね。

司会　アメリカとか、ヨーロッパとか。

温家宝守護霊　ただ、君らの信者は処刑《しょけい》されるかもしれないね。ハッハッハ。怖いだろう?

司会　いやいや、怖くないですよ。

温家宝守護霊　うちは、もう一日で判断ができるからな。日本みたいに、たらたらしてねえんだよ。

司会　ただ、言論として、この本が世界に出回ったら、どうですか。

温家宝守護霊　わしは、いいことを言ったと思うが……。君らは悪いことを言ったけど、わしはいいことを言った。

司会　ああ、そうですか……。

温家宝守護霊　正しいことを言ったと思っている。

ただ、「あの世はある」みたいな言い方をされたが、そういうのは詐欺罪《さぎざい》だから、君、言っちゃいけないんだ。わしは、「温家宝だ」と言っているのに、君らは、「温家宝の守護霊だ」と言い張るからさあ。わしは、「温家宝だ」と言ってるんだよ。何で分からないんだ。

司会　では、「昔、私のことを見た」というのは……。

温家宝守護霊　まあ、よく分かんねえ。そのへんは、中国の教科書には載ってないから、分かんねえんだよ。

司会　そうなんですか。

温家宝守護霊　マルクスは書いてないから、何《なん》にも分からないんだよ。

司会　ああ、そうですね。

温家宝守護霊　君らは、そのうち、中国から弾圧《だんあつ》を受けるからね。覚悟《かくご》しときなさい。法輪功《ほうりんこう》を片付けたら、次、幸福の科学だからね。

司会　ただ、中国に縁《えん》のある人間もけっこうおりますので。

温家宝守護霊　フーン。ああ、そう。何だか、よく意味が分からんな。

司会　分からないでしょうね。

温家宝守護霊　意味が分からない。

司会　あなたがたと戦っていた人も大勢いると思います。

温家宝守護霊　まあ、いずれにしてもだね、こんな温厚な顔をした、世界の偉人《いじん》と対話できたということに、君らは感謝しなくてはいけない。

司会　光栄でございます。はい。

温家宝守護霊　なんか、こう、批判するんじゃなくて、本を出すんだったら、どうしても出すのを強行するんだったら、本の帯に、「温家宝首相、ありがとうございました」と印刷して売りなさい。

司会　これは、今、世界の人々が、もっとも聴《き》きたいお話かと思います。

温家宝守護霊　「世界最小の政党の党首が会談させていただきましたことを、心の底より感謝申し上げます」と書いて、宣伝しなさい。

司会　クオリティにおいては、世界ナンバーワンの党首ですからね。本日は、本当にありがとうございました。

温家宝守護霊　まあ、おまえらの出版社は、大国中国と戦っているので、すでに戦いは始まっておるのだよ。ハハ。

司会　工作員も来ているわけですね。

温家宝守護霊　朝日だって、中国で食ってるようなもんだからな。
　まあ、はっきり言やあ、「全共闘世代に政権を取らせ続ける」という戦略だ。これも共闘してやってることであるからね。何とか頑張って、〝日本支配〟を続けたいと思ってるよ。すでに、ずっと〝支配〟してるんだからさ。ああ、これからも、やりたいね。
　何とか、親中派を増やして、平和裡《り》に日本を併合《へいごう》したい。これが私の本音だ。

司会　そうですか。

温家宝守護霊　うん。

綾織　最後に本心を明かしていただき、ありがとうございました。

温家宝首相は、周恩来《しゅうおんらい》のように実務を仕切っていると思われる

大川隆法　はい。まあ、〝ご立派〟ですね。すごくすっきりした〝ご立派〟な方です。大国の指導者は、さすがですね。意見がはっきりしていました。けっこう本音で語ったのではないでしょうか。九十パーセントぐらいまで引き出せたと思います。

司会　胡錦濤守護霊以上に、本音を語ったように感じました。

大川隆法　ええ。

この人が実務を握《にぎ》っているのかもしれません。昔の周恩来《しゅうおんらい》のような気分でいる感じを受けました。この感じだと、周恩来のように、実務を仕切っているつもりでいるのではないでしょうか。

司会　背後に権力闘争があるというのが、明確に分かりました。それは、重要な情報だったかなと思います。

大川隆法　はい。ありがとうございました。

第2章

北朝鮮《きたちょうせん》の未来を予想する

―― 金正恩《キムジョンウン》守護霊《しゅごれい》の霊言《れいげん》 ――

二〇一〇年十月十三日　霊示

金正恩《キムジョンウン》（一九八三〜）

朝鮮《ちょうせん》民主主義人民共和国（北朝鮮）、金正日《キムジョンイル》総書記の三男。二〇一〇年九月二十七日、朝鮮人民軍大将への昇進《しょうしん》（十月十日付）が発表されると、翌二十八日には、朝鮮労働党中央委員会委員、朝鮮労働党中央軍事委員会副委員長に選出。金正日の後継者《こうけいしゃ》として、最高指導者の地位を世襲《せしゅう》することが有力視されている。

質問者
松島弘典《まつしまひろのり》（幸福実現党幹事長）

［役職は収録時点のもの］

1　北朝鮮《きたちょうせん》の三代目・金正恩《キムジョンウン》の人物像を探《さぐ》る

大川隆法　先ほどは、中国の温家宝《おんかほう》首相の守護霊《しゅごれい》の霊言を録《と》りました。本人に言わせれば、「守護霊ではなくて本人だ」という意見ではありました。

私としては、「幸福の科学や幸福実現党の言っていた考え方や戦略について、特に修正の必要はなさそうだ」ということを確認できたつもりでいます。

温家宝のニュースとともに、最近、話題になっている、もう一つのニュースとして、「北朝鮮《きたちょうせん》の金正日《キムジョンイル》が年を取り、病気もしているので、次の後継者《こうけいしゃ》を決めた」ということがあります。三男の金正恩《キムジョンウン》は二十七歳《さい》ぐらいかと思いますが、彼を後継者に決めて、実権を譲《ゆず》ろうとしているようです。

そして、日本も当然、そうですが、世界のメディアで、この三男の金正恩が、どういう人物であるか、取材に成功しているところはありません。みんな、この人がどういう人物かをもっと知りたいでしょうが、北朝鮮が流す情報以外には、つかむことができないわけです。

そこで、今回、私が、日本の国家戦略室や防衛省に成り代わり、〝先兵《せんぺい》〟となって、彼の霊査《れいさ》に入りたいと思います。これは、一種の〝サイバー攻撃《こうげき》〟に当たるのでしょうか。アメリカやロシア、その他の国では、けっこう超能力《ちょうのうりょく》による諜報戦《ちょうほうせん》もやっているようなので、いよいよ、日本も〝本格参入〟ということになるのかもしれません。

やはり、金正恩の人物像をつかんでおく必要はあると思います。彼がどういう人であるかが分かれば、今後、北朝鮮という国はどうなるのか、未来が予想できるし、対策を立てることができます。

彼の年齢《ねんれい》を考えると、そう大きな思想を持っているかどうかは分かりません。ただ、どういう人物かぐらいは分かるのではないでしょうか。それを探《さぐ》り出せたら、成功かと思います。

とりあえずファースト・トライなので、どうなるかは分かりません。父親の金正日と、そっくりかどうかも分からないのです。

いずれにしても、二代目の金正日が倒《たお》れたら、次は、この人の判断で核《かく》ミサイルが撃《う》てるようになる可能性が高く、そういう日も近いと思われるので、この人の考えも知っておいたほうがよいでしょう。

ここにも、わが国の命運がかかっていると思います。したがって、われわれが、霊言という手段でもって取材をすることは、国益にも適《かな》うと信ずるものであります。

2 見えてきた、金正恩の「自己像」「趣味《しゅみ》」「歴史観」

金正恩守護霊《しゅごれい》を招霊する

大川隆法　（松島に）では、始めますか。頑張《がんば》りましょう。

初めてですが、北朝鮮《きたちょうせん》の三代目指導者に決まりました、金正恩氏の守護霊《しゅごれい》をお呼びしたいと思います。

（約十秒間の沈黙《ちんもく》）

北朝鮮三代目指導者、金正恩氏の守護霊よ。

北朝鮮三代目指導者、金正恩氏の守護霊よ。

願わくは、幸福の科学総合本部に降りたまいて、われらに、あなたの考え、日本に対する考え、世界に対する認識について、その心の内を明かしたまえ。

金正恩氏の守護霊よ。できれば、われわれは、次の北朝鮮の指導者の、その姿と本心を知りたく思います。

金正恩氏の守護霊よ。金正恩氏の守護霊よ。

どうか、幸福の科学総合本部に降りたまいて、われらにその本心を明かしたまえ。

金正恩氏の守護霊よ。

（約三十秒間の沈黙）

金正恩守護霊　ん？　ん？　ん？

松島　金正恩氏の守護霊でしょうか。

金正恩守護霊　ん？

松島　金正恩氏の守護霊でしょうか。

金正恩守護霊　ああ。ん？　ん？

司会　金正恩氏ですか。

金正恩守護霊　ん？

司会　お名前は？

金正恩守護霊　正恩。

司会　正恩氏ですか。

金正恩守護霊　うん。正恩、正恩。

松島　このたびは、北朝鮮の三代目になるということで、世界に対してデビューされました。

金正恩守護霊　ああ、君らは、ほ、ほ、ほめるために来てくれたのか。

松島　はい……。

金正恩守護霊　ありがとう。

松島　日本をはじめ、世界の多くの人々が、「金正恩氏は、どのような方なのか」ということを興味をもって見ておりました。

金正恩守護霊　そうだな。世界では、いちばん若い指導者かな。

松島　そうですね。

今日は、短い時間になると思いますが、日本の隣人《りんじん》である、北朝鮮の次期指導者に、直接、本心、本音をお訊《き》きできればと思っております。

私は、幸福実現党の松島と申します。

金正恩守護霊　うーん、まあ、難しいことはよく分かんないけど、何？　君たち、なあに？

松島　幸福実現党の松島と申します。

金正恩守護霊　ふーん。何それ？

松島　昨年（二〇〇九年）五月に立党した政党です。

金正恩守護霊　ふーん。

松島　幸福実現党ができたのは、「北朝鮮が、人工衛星と称《しょう》してミサイルを飛ばし、それが日本列島を超《こ》えて行った」ということがきっかけでした。

金正恩守護霊　じゃあ、うちのこと、好きなの？　嫌《きら》いなの？　どっちなの？

松島　近隣の国として、しっかり付き合っていきたいと思っています。

金正恩守護霊　付き合っていきたい？　ああ、好きなのね。ああそう。なら、いいよ。

私は、兄弟のなかで、いちばん〝能力〟がある

松島　今日は、金正恩氏が、どのように采配《さいはい》を振《ふ》るうおつもりなのか、その心の内をお聴《き》かせいただきたいと思います。

金正恩守護霊　君は、〝世界最年少の大指導者〟と会っているんだよな。

松島　そうですか……。

金正恩守護霊　分かるかな？

松島　金正恩氏は、世界最年少の指導者になるわけですが、守護霊自身の感覚としては、どのような……。

金正恩守護霊　ん？

松島　やはり、まだ若い青年のような感覚をお持ちですか。

金正恩守護霊　軍事指導者は若いほうがいいんじゃないか。

松島　今回、金正日《キムジョンイル》総書記が、三代目として、あなたを……。

金正恩守護霊　いや、父さん、病気になっちゃったからね。まあ、それは、しかたないんじゃないですか。

松島　そうですね。

金正恩守護霊　脳梗塞《のうこうそく》を起こしちゃったから、今度、いつ倒《たお》れるか分かんない。次、倒れたときは危ないから、それは、私がやらなきゃいけない。

私は〝才能〟があるからね。まあ、上に長男も次男もいるけども、私がいちばん〝能力〟があるからね。「選ばれた」っちゅうことは、順当なんじゃないかな。

松島　やはり、〝能力〟が高いから選ばれたと？

金正恩守護霊　ああ、高い。〝能力〟が高いし、親父《おやじ》は、「自分とそっくりだ」と思ってるっちゅうことかな。

松島　そうですか。確かに、昨年、金正日氏の守護霊に、こちらにお越《こ》しいただいたときも……（『金正日守護霊の霊言』〔幸福の科学出版刊〕参照）。

金正恩守護霊　金正日？　こっちに来た？

松島　ええ。守護霊に……。

金正恩守護霊　親父が？　親父が何をしに？　何のご用で？

松島　あなたと同じように、お越しいただいて、いろいろな話をお聴かせいただきました。

金正恩守護霊　そう。じゃあ、ご縁《えん》があるんですね。

松島　はい。

金正恩守護霊　ああ、そう。

松島　そのとき、三男を後継者《こうけいしゃ》に選んだ理由として、「勇気があるからだ」と言っていました。

金正恩守護霊　それは、君、そうだよ。僕《ぼく》は、〝勇気の塊《かたまり》〟だね。

松島　〝勇気がある〟というのは、どのようなことを言っているのでしょうか。

金正恩守護霊　名前も、いい名前だよ。正しい恩を施《ほどこ》す。な？　いい名前じゃないか。〝慈悲《じひ》の塊〟のようなもんだな。

松島　「本当に〝勇気〟があって〝慈悲〟がある」という方が、リーダーになっていくということに対して……。

バッジなどを集めるのが好き

金正恩守護霊　君、胸に光ってるの、それ、面白《おもしろ》いおもちゃだね？　何だよ。

松島　これは党のバッジです。

金正恩守護霊　僕にもくれないか。

松島　そうですか（苦笑）。

金正恩守護霊　僕も、そういうものを集めるのは好きなんだ。できたら、北朝鮮にも一つ、もらえないか。

松島　その下についているバッジは、「拉致被害者《らちひがいしゃ》を救う会」のバッジ（ブルーリボンバッジ）です。

金正恩守護霊　えっ、何？　それは何だ？　それは、よくないんじゃないか。「被害者」っていう言い方はよくないよ。

松島　一説には、金正恩氏の育ての親といいますか、子守《こもり》をしていた方は、横田めぐみさんだと聞いていますが、心当たりはありますでしょうか。

金正恩守護霊　ん？　いきなり、何か、まずい話題から、君、始めて……。

松島　この話から行くつもりはなかったのですが。

金正恩守護霊　君は、外交辞令を知らない。

松島　バッジの話が出ましたので……。

金正恩守護霊　私だって、帝王学《ていおうがく》として外交学を学んでいるけれども、いきなり、そういうふうに斬《き》るのは、普通《ふつう》、しないものなんだよ。

松島　失礼しました。話題を変えて、これはまた最後にお訊きします。

金正恩守護霊　うんうん。そうだね。いきなり、それをやられて、喧嘩《けんか》になったらいけないだろう？

松島　そうですね。

金正恩守護霊　だから、君、「外交」っていうのは、丁寧《ていねい》な言葉でやって、最後に一言《ひとこと》だけ言いたいことを言うのが筋なんだよ。

松島　もう帝王学を学ばれて……。

金正恩守護霊　私をばかにしてはいけない。私は、外国に留学したことがある国際人なんだからね。君、紳士《しんし》のルールはちゃんと知ってるんだよ。

松島　何年ぐらい留学されたんですか。

金正恩守護霊　何年したかね？　まあ、何年か、いたね。

松島　スイスのほうと聞いていますが。

金正恩守護霊　そうだね。うん。だから、世界情勢は知ってるつもりだよ。

北朝鮮《きたちょうせん》の貧しさは、〝日本に全責任がある〟と聴《き》いている

松島　世界を見渡すと、ごく少数の国を除いて、民主主義の国が多いと思いますが。

金正恩守護霊　いちおう、うちも民主主義の国だけど？　「朝鮮《ちょうせん》民主主義人民共和国」だから、民主主義だと思うよ。民衆は本当に平等に暮らしてるよ。貧しくな。

松島　そうですね。貧しさにつきましても……。

金正恩守護霊　それについては、日本に全責任があるんじゃないか。そういうふうに聴《き》いてるけどな。日本が、戦前から戦時中にかけて、さんざん悪いことを三十五年もやったので、北朝鮮はこんなに貧しくなったらしいな。

松島　いやいや。日本も、あの戦争で焼け野原になりましたが、一生懸命《いっしょうけんめい》、努力した結果……。

金正恩守護霊　いや、日本のことなんか、知らないけどさ。日本に、戦前、牛馬《ぎゅうば》のごとく、さんざん使われたのは事実だしさ。北朝鮮の富をいっぱい持っていかれたしさ。そして、戦後は、アメリカと一緒《いっしょ》になって介入《かいにゅう》し、韓国《かんこく》ばっかり援助《えんじょ》して発展させ、北朝鮮を孤立《こりつ》させて貧乏《びんぼう》にしているのは、あんたがただよな。

松島　最初から、そういう話はまずいのではないでしょうか。

金正恩守護霊　ああ、そうだ。そうか、そうか。

松島　せっかく、友好的に行こうと思っていたのですが。

金正恩守護霊　外交上あんまりよくないな。そうだな。最後にしよう。

松島　そうですね。最後にお聴かせいただければと思います。

金正恩守護霊　それはそうだ。

3　北朝鮮《きたちょうせん》は「核《かく》ミサイル」をすでに持っている

政権移譲《いじょう》のための練習として、ミサイルを七発撃《う》った

松島　お祖父《じい》様の金日成《キムイルソン》氏から、お父様の金正日《キムジョンイル》氏に移行する前年の一九九三年にも、やはり、日本海に向けてミサイル発射実験が行われました。

金正恩守護霊　別に、撃《う》ったっていいじゃない。魚がちょっと死ぬかもしんねえけど、海なんだから、まあ、いいじゃない。

松島　それで、去年も、ミサイル発射実験がありました。

金正恩守護霊　あれは、〝国として強くなった〟ということだな。

松島　なぜか、トップが代わる端境期《はざかいき》といいますか、ちょうど、そのころに、そういう実験が行われています。

金正恩守護霊　うん、そうなんだよ。僕《ぼく》も、もうすぐ撃つから。

松島　（苦笑）

金正恩守護霊　あれは花火の代わりだからね。ミサイルを撃てないようでは、やっぱり、実力者とは言えない。

僕は、後継者《こうけいしゃ》であることを証明するために、また撃つから、よろしくね。みんなに、よろしく言っといてくれ。

司会　去年、金正日氏の守護霊に話を聴《き》いたとき、去年のミサイル七発は、金正恩氏が撃ったと伺《うかが》いましたが。

金正恩守護霊　うんうん。まあ、まあ、うん、加わってはいたけども、表立ってはいないからね。

司会　ああ、そうですか。

金正恩守護霊　この次は、ちゃんと、私の名で撃つから。

司会　あなたの名で撃つと？

金正恩守護霊　ちゃんと撃つから。

司会　前回の発射実験にも、かかわっていたことは事実？

金正恩守護霊　うん。まあ、それはそうだわな。「軍部の指揮命令系統を使って、どういうふうにやるか」という撃ち方を教わった。

そういう、決断をして撃つ練習は……。

司会　正恩氏のための練習だったんですね？

金正恩守護霊　まあ、練習というか、予行演習は要《い》るからね。

司会　それをやったんですね？

金正恩守護霊　まあ、政権移譲《いじょう》のための練習として撃ったんだ。「そのあと、国際世論の反発を受けて、それを、どう処理して乗り切るか」とか、「中国との関係強化、パイプをどう強くするか」とか、いろいろと帝王学《ていおうがく》を学ばなきゃいけないからね。まあ、親父《おやじ》も用意周到《よういしゅうとう》だから、そういう帝王学教育をやってくれた。

この次は、私の名で撃ちますよ。

松島　今度撃つのは、どういうミサイルになるんでしょうか。

金正恩守護霊　君ね、そんなの最初から言うと思ってるの？

松島　実験であれば、言うのは構わないのではないでしょうか。

金正恩守護霊　実験ならいい？　ああそう。ふーん。実験なら構わない？

君の家辺りを狙《ねら》おうかと思ってるんだ。

松島　そうですか。

金正恩守護霊　どのへんに住んでんの？

松島　横浜《よこはま》のほうです。

金正恩守護霊　じゃあ、その辺りを狙ってやろう。ちょうどいいな。アメリカの基地も近くにあるから、いい辺りだな。

「現金が欲《ほ》しい」という本心を語った父は、ボケ始めている

司会　去年、金正日氏の守護霊は、「銀行のある所にはミサイルは撃たない」と言っていましたが。

金正恩守護霊　それは、親父が冗談《じょうだん》をかましたんだろうよ。

司会　いやいや。「お金を焼くのは、ちょっと、まずい」と言っていました。

金正恩守護霊　あ？　そうかな。

司会　そういう教えは受けていないんですね？

金正恩守護霊　わしは考えたことないな、そんなことは。

司会　なるべくお金は取っておきたいと。

金正恩守護霊　ふーん。それは下品だね、ちょっと。

司会　下品ですか。

金正恩守護霊　うん。それは、ちょっと諫《いさ》めないといかんな。外交では、そういう本心は言っちゃいけないと思う。「現金が欲《ほ》しい」なんて言うようなことは、恥《は》ずかしいよ。諸外国に知られては、まずいことだよな。

司会　お父様の守護霊は、「助かりたかったら、銀行に逃《に》げろ」とも言っていました。

金正恩守護霊　何？　何という、ばかなことを父は言うんだね。そんな本当のことを言っちゃいけないじゃないか。まあ、守護霊だからって、本当のことを言っていいとはかぎらないんだよ。

司会　少し、お疲《つか》れになっていたのかもしれません。

金正恩守護霊　ん？　そうだね。まあ、でも、私は国際人だけど、彼は国際人じゃないからね。それと、今、ちょっと病気してるから、頭がいかれてきて、脳の血管がちょっと〝裂《さ》けて〟きてるんだな。だから、ボケ始めているんだよ。私がサポートしないと、もう危ない。

司会　危ないんですね？

金正恩守護霊　危ない。うんうん。

核《かく》兵器をつくって実験するのは、〝できちゃった婚《こん》〟と同じ？

松島　国際人であれば、分かるのではないかと思いますが……。

金正恩守護霊　国際人だから、分かるよ。

松島　ミサイル実験などを何度もやれば、国際社会から、かなり非難されるのではないでしょうか。

金正恩守護霊　いや、それは弱ければ、そうであって、強くなったら、反対に尊敬されるんだよ。

だいたい、君は、勉強したかどうか知らないけどさ、僕はいっぱい勉強したから、知ってるけどね。

「核《かく》」っていうのは、持つまでは抵抗《ていこう》がすごいんだけど、いったん持っちゃったら、もう認知されるんだよ。いったん持ってしまったら、「もう、それで終わり」ということで、君、〝できちゃった婚《こん》〟と一緒《いっしょ》なんだよ。

松島　（苦笑）

金正恩守護霊　「子供が生まれちゃったら、しょうがねえから、もう結婚を許すしかない」「親が反対しても、結婚を許すしかない」みたいな感じだ。周りも、あきらめるだろう？　あれと一緒で、核兵器をつくって、いったん実験しちゃったら、「核保有国になった」ということで、別グループになって、世界の上位層になるんだよ。だから、日本がいくら国連で「常任理事国になりたい」なんて言ったって、核兵器を持ってなきゃ、絶対なれないよ。

松島　金正日氏の守護霊は、「核ミサイル（実戦配備）はもうすぐできる」と言っていましたが。

金正恩守護霊　もうすぐできる？　もう、すでに持ってるよ。

松島　何発ぐらい持っているんですか？

金正恩守護霊　君、そんな国家機密をタダで訊《き》くの？

松島　ええ。

金正恩守護霊　そんなバッジ付けて！

松島　この話題は最後に取っておきます。

金正恩守護霊　「『拉致被害者《らちひがいしゃ》の会』のバッジをやるから、しゃべれ」って？

松島　いえいえ。

金正恩守護霊　君ね、僕はばかじゃないんだよ、言っとくけど。「拉致被害者の会」のバッジをもらったぐらいで、核ミサイルを何発持ってるか、言うと思ってる？

4　深刻な北朝鮮《きたちょうせん》の「食糧《しょくりょう》問題」

中国は、二つの顔を持つ、ずるい〝コウモリ国家〟

司会　金正日《キムジョンイル》氏の守護霊《しゅごれい》は、「食糧《しょくりょう》を出せば、言ってもいい」と。

金正恩守護霊　もう、あれも（舌打ち）、現金な（会場笑）。そんな下品なことを言ったの？

司会　はい。

金正恩守護霊　もう、しかたねえな。食糧に困ってるのは事実だけど、ちょっと止められてるしね。中国も、うちを援助《えんじょ》したいのは山々なんだが、みんなが監視《かんし》してるもんだから、しにくくてね。

司会　ああ。

金正恩守護霊　今、食糧や重油の援助も受けてるけど、みな偽装《ぎそう》工作して、見えないようにやらなきゃいけないので、困ってるんだよ。国際監視団がいろんな所で見てるので、そうじゃないように見せて運んでいる。

中国も、ほんと、ヤヌスだからね。顔が二つあって、両方に、ええ顔してるからさ。ずるい〝コウモリ国家〟だよな。

本当は、軍事同盟を結んでるんだよ。北朝鮮《きたちょうせん》と中国は、軍事同盟を結んでるんだけど、知らんふりして、半分西側みたいな顔をして、両方に顔を向けている。まあ、なかなか、食えない相手ではあるんだけどね。

とりあえず、「二百万トンのコメ」が欲《ほ》しい

まあ、食糧はあったほうがいいな。飢饉《ききん》が、二十年ぐらい続いているんだよ。もう、ほんとに困ってるんだ。最近は、土砂災害とかも多くってね。

うちは、国民に、仏教信者とか、いろいろいるのよ。わりに信仰《しんこう》深い人がいて、「災

害が起きるときは、指導者が悪い」とか、「革命の前触《まえぶ》れだ」とか、けっこう言うので、やっぱり食糧の確保は必要だね。

ミサイルを撃《う》ってほしくないんだろ？　撃ってほしくなかったら、「ミサイル一発で、コメ何万トン」って計算してくれたらいいよ。「コメ十万トンくれたら、一発、撃つのをやめる」っていうような感じで、換算《かんさん》したらどうだろう？

司会　コメは全部で何万トンぐらい必要なんですか。

金正恩守護霊　とりあえず、二百万トンぐらい欲《ほ》しいな。

司会　そうすれば全部……。

金正恩守護霊　いや、全部は駄目《だめ》だが、とりあえずは大丈夫《だいじょうぶ》だ。しばらくは生き延びられる。

司会　二百万トンですね？

金正恩守護霊　うーん。だけど、継続的《けいぞくてき》には無理だな。とりあえず、今は、二百万トングらい欲しいなあ。

松島　国民の心情としては、「脅《おど》されて出す」というかたちでは、援助しにくいと思います。

金正恩守護霊　国民って、どこの国民？

松島　日本国民です。

金正恩守護霊　ここの国民？　脅されて？　でも、加藤紘一《かとうこういち》みたいな政治家は、昔、余っている日本の古米か何かを、たくさんくれたよ。なあ。

松島　ええ。ですから、核《かく》を全部廃棄《はいき》した上で、「大変だ」というのであれば、日本としては、本当に援助しても構いませんが。

金正恩守護霊　君ね、僕《ぼく》は国際人だから分かるけどさ、「北朝鮮が廃棄した」って言っても、君らは信じるかい？

松島　そうですねえ……。

金正恩守護霊　信じるわけないよね。だから、その話は無駄だね。

松島　いや。でも、それは、これからきちんとやっていけば、信じられるんじゃないですか。

5 将来、軍の主導権を握《にぎ》るのか

核《かく》ミサイルの量産体制を敷《し》くつもりでいる

司会　二百万トンということは、要するに、「二十発ぐらいある」ということですか。

金正恩守護霊　いや、そういうわけじゃない。ミサイルなんて、いくらでも、すぐつくれるんですから、数に限りはない。原材料さえあれば、つくり続けられるね。

あとは、今、中国およびパキスタン、イラン辺りに行き来して、機材は、いろいろ入れているんだけど、今、シーレーン（海上交通路）のところに問題があるので、軍事物資を直接輸入するのが、ちょっと難しくなってきている。

第三国を絡《から》めて、そうとう偽装《ぎそう》工作しながらやらないといけないので、今、そのへんで、ちょっと困難を感じてはいる。包囲網《もう》が、かなり厳しくなってきてるね。

まあ、でも、中国からの秘密ルートがちゃんと確保できれば大丈夫《だいじょうぶ》なんだ。第三国の船を使って、中国経由でやれれば、うまくいくんだけどね。

つまり、「第三国が中国と貿易をしているように見せて、中国から北朝鮮《きたちょうせん》へ渡《わた》る」というスタイルにすれば、資源の供給は、まあまあ可能なんでね。

私のほうは、量産体制を敷《し》くつもりではいるよ。だから、今、中国との関係を強化しようと努力しているところですね。

親父《おやじ》が倒《たお》れたら、私が核《かく》のボタンを押《お》すことになる

司会　今、お父様は、核《かく》のボタンを押《お》せるような状態にあるんでしょうか。

金正恩守護霊　いや、「ボタン」って、君、アメリカと北朝鮮は違《ちが》うんだよ。アメリカはアタッシュケースを持っていて、暗号か何かでやるんだろう?

司会　そうでしたね。はい。

金正恩守護霊　君、北朝鮮が、そんな新式のわけがないだろう?

司会　「命令で発射する」ということですか。

金正恩守護霊　北朝鮮で、アタッシュケースなんかで核兵器のボタンを持って歩いてたら、いつ襲《おそ》われて盗《と》られるか分かんないだろうが。そんな危険なことをするわけないでしょう？

司会　ええ。

金正恩守護霊　そんなの盗られちゃうじゃない。

司会　お父様の守護霊は、「命令の肉声を録音して、テープで流せば撃《う》てる」とは言っていましたけれども。

金正恩守護霊　うん、まあ、そういう話もあるけれども、実際は、現場でボタンを押したら飛ぶんだよ。

司会　指示出しの順番としては、今、何番目ぐらいなんですか。

金正恩守護霊　私？　君、けっこう国家機密に迫《せま》るね。

そうだね。まあ、もうちょっとだな。親父《おやじ》が入院してしまえば、私の指示で飛ぶ。

司会　お父様の守護霊は、「自分がいる間に、正恩氏をぜひ二番目にもっていきたい」と言っていましたけれども。

金正恩守護霊　あちらの口が利《き》けるうちは、まだ、あちらの指示になる。

司会　では、ボタンを押す順番としては、今、三番目ぐらいですか。

金正恩守護霊　だから、あちらが生きていて、しゃべれる間は、あれ一人だよ。親父のことを「あれ」って言っちゃいけないな。

司会　「核のボタンを押す順番がある」とおっしゃっていましたが。

金正恩守護霊　いや、いちおう一人だよ。

司会　一人ですか?

金正恩守護霊　うん。あれが元気でしゃべれるうちは、基本的に、ほかの人には権利がない。

司会　では、次に、核のボタンを押す人は、正恩氏と見てよろしいんですか。

金正恩守護霊　だから、脳梗塞《のうこうそく》でも心臓麻痺《まひ》でも何でもいいけど、あちらが倒《たお》れた場合は、私が押すことになる。

司会　では、その瞬間《しゅんかん》に、役職が替《か》わるということですね。

金正恩守護霊　うん。だから、アメリカみたいに、アタッシュケースを持って動いてるわけじゃないということだ。

〝手柄《てがら》〟を立てるために、私が韓国《かんこく》の哨戒艦《しょうかいかん》を撃沈《げきちん》した

司会　今の「中央軍事委員会副委員長」という役職は、次に同委員会の委員長になるものと見て、よいのでしょうか。

金正恩守護霊　うん。だから、もう決まってるのよ。

司会　もう決まっているんですね。

金正恩守護霊　おお、決まってるのよ。私が、軍の主導権を握《にぎ》ることは、決まってるのよ。もう暗黙《あんもく》の了解《りょうかい》になっているので、今ちょっと、私のデモンストレーションっちゅうか、国際的デビューをして、認知してもらう〝ショー〟をするところで、実権は、すでに持ってるのよ。

司会　はい。

松島　韓国《かんこく》の哨戒艦《しょうかいかん》の撃沈《げきちん》も、やはり、今言われた〝実力を見せる一環《いっかん》〟だったのでしょうか。

金正恩守護霊　君、手ごわいね。何をしている人？

松島　幸福実現党の松島と申します。

金正恩守護霊　ああ。

松島　去年のミサイル実験もそうですが、やはり、あれは、デビューとしては、かなり……。

金正恩守護霊　親父は日本人を拉致《らち》して、ずいぶん名前を上げたから、私も何か、〝手《て》柄《がら》〟が要《い》ることは要る。

勇ましい手柄が要るんでね。だから、韓国船を撃沈して、「北朝鮮はやっていない」という言い逃《のが》れができるかどうかっていうのは、やっぱり外交手腕《しゅわん》の一つだからね。

まあ、そういうことをやってのけたので、成功ということだな。

松島　そのあと、「今年（二〇一〇年）の八月に、お父様と中国に行かれて、戻《もど》ってこられた」と思うんですけれども。

金正恩守護霊　うん、顔合わせしなきゃいけないからね。

松島　ああ。顔合わせですか。じゃあ、もう中国のお墨付《すみつき》も得て……。

金正恩守護霊　うん。中国とは、軍事的にも経済的にも、ほんとは、すでに同盟関係にある。だから、アメリカに対する日本の立場は、中国に対する北朝鮮の立場と一緒《いっしょ》なんだ。日本も北朝鮮も、両方防波堤《ぼうはてい》なんだ。

松島　ふーん。

金正恩守護霊　アメリカにとっては、日本が共産圏《きょうさんけん》に対する防波堤なんだろうけど、わしらは、資本主義圏に対する防波堤になっとるわけだ。ハハッ。

6　拉致《らち》問題の真実

日本人の拉致《らち》は、北朝鮮《きたちょうせん》の軍事演習だった

松島　「民主主義」というと、先ほどの話に戻《もど》りますが。

金正恩守護霊　ああ、民主主義だよ。うん。

松島　民主主義と言いながら、どうして、金《キム》一族が三代続くのでしょうか。

金正恩守護霊　なんせ天才だからね。天才じゃ、しょうがないんじゃない？

松島　そうですか……。

金正恩守護霊　天才ですから。その日の食べ物に困ってる人に、国家の運営ができるわけないでしょ？　君。

松島　どうして、金家《キムけ》に生まれられたのですか。

金正恩守護霊　それは、もう天命なんだよ。天命として、国家の指導者になるべく、生まれたんだ。こういう体制は、偉大《いだい》なる魂《たましい》が生まれるのに、非常に都合がいいんだよ。だって、簡単に、人生設計ができるじゃないか。民主主義をやられたら、なかなか選べないからね。

松島　世界の人々が、あなたを素晴《すば》らしいリーダーだと認めるためには、今の貧しい北朝鮮《きたちょうせん》を、本当に豊かな国に変えていく必要があると思います。

金正恩守護霊　いや、しますよ。そのつもりですよ。

松島　ただし、核《かく》ミサイルで脅《おど》すようなやり方はいけないと思います。それでは、本当に勇気を持った、新しいリーダーとは言えないでしょう。

金正恩守護霊　それは、君、偏見《へんけん》じゃないか。

松島　いや、世界の多くの方は、そう思うと思います。

金正恩守護霊　隣《となり》の韓国《かんこく》は、あんなに、ものが溢《あふ》れて豊かじゃないか。

松島　韓国と見比べてみて、やり方を間違《まちが》えたとは思われませんか。

金正恩守護霊　いや、それは、やっぱり経済的に制裁したりしてる国が悪いんじゃないか。日本も、アメリカの言いなりになって経済制裁してるしさ。だから、米帝《べいてい》を粉《ふん》砕《さい》しなきゃいけない。

松島　しかし、韓国は日本人を拉致《らち》していませんけれども、北朝鮮が日本人を拉致しているのであれば……。

金正恩守護霊　まあ、拉致してるっていうか、君、「拉致、拉致」って言うけど、わしらは山賊《さんぞく》と違うんだよ。拉致じゃなくて、それは軍事演習なんだよ。軍事演習してるんだから、拉致なんて、かわいいじゃない？　本来は、殺したって構わないんだからね。そうでなくて、ちゃんと安全に身柄《みがら》を確保して、国内に連れてくる練習をしてるだけだから、それは軍事演習なんだよ。

松島　それは北朝鮮の理論であって、世界では通じません。拉致についても、世界の人々は、厳しい目で見ています。

金正恩守護霊　いやいや。〝ゲスト〟として歓待《かんたい》されてるからさあ。〝ゲスト〟として連れて来られて、日本語を教えたり、日本の情報を教えたり、料理人になったり、芸をやったり、まあ、いろいろやっている。日本文化を北朝鮮で広める役をさせてあげてるわけだから、それは、〝ゲスト〟として歓待されてるんであって、そんな、被害《ひがい》者《しゃ》じゃないよ。

司会　しかし、本人の意思に反して、拉致しているじゃないですか。

金正恩守護霊　ん？「本人の意思に反して」っていうか、まあ、彼らを、新世界に連れて来て、見聞《けんぶん》させてやってるんだ。われらは、宇宙人と同じ立場にあるわけだから、彼らを、未知の世界に招待してるだけなんだよ。

彼らは、選ばれた人たちだから、〝エリート〟だな。

拉致被害者《ひがいしゃ》の、その後の消息

松島　その〝エリート〟の横田めぐみさんは、今、どこにいらっしゃいますか。

金正恩守護霊　うーん。君、際《きわ》どいなあ。

君、親族か？

松島　いえ、違います。

金正恩守護霊　親族じゃないと、答える必要はないんじゃないか。

松島　いえいえ。ぜひ、教えていただければと思います。

金正恩守護霊　親族じゃない人に答える必要があるかなあ。ん？

松島　日本人の共通の関心事になっています。

金正恩守護霊　そんな偉い人か。この人？

松島　ええ。

金正恩守護霊　君ねえ、北朝鮮なんか、毎日のように、人が何百人も死んでるんだよ。だから、そんな人一人のことを、あれこれと、もう何十年も言うっていうのは、やっぱり、おかしい。クレージーなんじゃないか。

司会　人の命に対する考え方が違うのです。

金正恩守護霊　ふーん。アメリカ人みたいに、日本人も値段が高いのかい？

司会　値段では測れないものです。あなたの考え方とは全然違うのです。

金正恩守護霊　え？　北朝鮮の人の命は安くて、日本人の値段だけ高いのかい？

司会　値段ではありません。尊いのです。

金正恩守護霊　北朝鮮では人一人死んだぐらい、もう、どうってことないんだよ。

司会　それは、あなたの考えです。日本人にとっては、人の命は尊いのです。

金正恩守護霊　日本人に、そういう国家にされていったんだからさあ。

司会　いや、それは、あなたたちが選んだんですよ。

金正恩守護霊　うーん、いやあ、そんなことないよ。

司会　台湾《たいわん》にせよ、韓国にせよ、あなたのような考え方は持っていません。

金正恩守護霊　そんなことない。日本に占領《せんりょう》されなかったら、北朝鮮は、こんなふうにはならなかったよ。

司会　では、なぜ台湾は、あれだけ繁栄《はんえい》したんですか。

金正恩守護霊　それは、南のほうにあったからじゃないか。

司会　暖かいと繁栄するんですか。

金正恩守護霊　うん。バナナがいっぱいとれる。

司会　バナナがあると繁栄するんですか。〝天才〟なら、もう少し、まともに答えてください。

金正恩守護霊　え？　北朝鮮にバナナは生《は》えねえから、食糧《しょくりょう》がないんだよ。

司会　韓国も発展したではありませんか。韓国にバナナはなるんですか。

金正恩守護霊　韓国は、アメリカや日本が、えこひいきをしたんじゃないか。

司会　あなたがたの経済思想とか……。

金正恩守護霊　もし、アメリカや日本が、韓国と同じように、北朝鮮に対してもちゃんと取り引きをしてりゃあ、北朝鮮だって発展繁栄したのに、おまえらが差別するから、こんなふうになってるんだ。

司会　差別したというよりも、あなたがたが退《しりぞ》いていったのです。

金正恩守護霊　そんなあ。私のほうが被害者《ひがいしゃ》だ。

司会　要するに、日本では、人一人の命は重いということです。

金正恩守護霊　うーん。横田めぐみさんね。もう生きてないよ。

松島　……、そうですか。

金正恩守護霊　もう生きてないよ。何言ってんだよ。そんなもん、証拠《しょうこ》残すわけないだろ？　生きてたら、しゃべるじゃないか。北朝鮮が生かしとくわけないだろう？　それが分からないのか？　君たちは、ばかじゃないか。ほんとにばかなことを、何年やってるんだ。

松島　いつ、亡くなったんですか。

金正恩守護霊　え？　そんなこと、わしが知るか。

松島　それは……。

金正恩守護霊　だから、もう天に召《め》されたよ。とっくの昔に。

司会　あなたは、なぜ、それを知ってるんですか。

金正恩守護霊　え？　それは全権を握《にぎ》ってるからだよ。

司会　そんな細かいことまで知ってるんですか。

金正恩守護霊　細かくはないよ。うん。細かくはない。それは国家の交渉事《こうしょうごと》だからな。細かくはない。

司会　北朝鮮は、「調べても分からない」と言っていましたが。

金正恩守護霊　生かしてて、しゃべられたら、困るでしょうが。

司会　「何か、まずいことをやっている」ということではないんですか。

金正恩守護霊　まあ、幽閉しててもいいけどさ。食糧を食うからさあ。だから、あんまり、そういうことはできないんだよ。

司会　先ほど、あなたは、そういう言い方はしていなかったではないですか。

金正恩守護霊　何が？

司会　見聞に来てもらっていると。

金正恩守護霊　うん。まあ、〝ゲスト〟だよ。ゲストだけど、ゲストだって帰天《きてん》することがあるんだ。しかたがないんだよ。ゲストも、環境《かんきょう》に耐《た》えられなくて、北朝鮮の風土が合わなくて、病気になったり、いろいろして、亡くなることがあるんだよ。

司会　では、病気ですか。

金正恩守護霊　まあ、公式には病気だな。

司会　公式と非公式があるんですか。

金正恩守護霊　両方ある。

司会　非公式には何ですか。

金正恩守護霊　非公式には、殺された。

司会　いつですか。

金正恩守護霊　そうだねえ。もう何年になるかな。うーん。十年ぐらいになるかなあ。

松島　どういう罪で殺されたんですか。

金正恩守護霊　え？　どういうって、証拠隠蔽《いんぺい》が目的だよ。

松島　拉致されたという証拠を隠蔽するためですか。

金正恩守護霊　うんうん。

松島　では、日本から拉致された人は、かなり〝証拠隠蔽〟されているんですか。

金正恩守護霊　うん。だいぶ殺されてると思うよ。生きてたやつでも、おまえらが、ギャアギャア言うから殺されてるよ。本来なら生きてた人が死んでるよ。だから、今、証拠になる人は順番に消されてる。みんな、骨にされてる。

松島　それを民主主義と言うんですか！

金正恩守護霊　それは民主主義と関係ないよ。それは関係ない。民主主義と関係ない。

北朝鮮は核ミサイルを持っている"超《ちょう》近代国家"

司会　あなたは山賊そのものですね。

金正恩守護霊　いや、防衛だよ。君。

司会　防衛じゃない。山賊ですよ。

金正恩守護霊　こ、こ、国家防衛……。

司会　現代の山賊国家ですよ。

金正恩守護霊　君ね、核ミサイルをつくってる国に対して、何ちゅうことを言うんだ。

司会　山賊が核ミサイルを持ってるだけじゃないですか。

金正恩守護霊　山賊が核ミサイルを持てるわけがないでしょうが、君。

司会　人間の国じゃないですよ。

金正恩守護霊　近代国家ですよ。超《ちょう》近代国家。君らは、核ミサイルまで……。

司会　金《キム》一族は山賊の頭領ですよ。

金正恩守護霊　何言ってるんだ。君ら、核ミサイルも持ってないくせに偉そうに……。

司会　山賊は、そうやって武器を持って、人をさらうんです。

金正恩守護霊　君ら、銀行にカネを貯《た》めとるだけじゃないか。

司会　人をさらって、自分たちの利益にしてるじゃないですか。

金正恩守護霊　国を護《まも》るためには、君ぃ、そういうことがあるでしょうが。

司会　国を護ってるんじゃなくて、金《キム》一族を護ってるんじゃないですか。

金正恩守護霊　いやいや、スパイ行為《こうい》は許さない。日本に連れ去られたら、何をしゃべるか分からないでしょうが。

司会　「スパイ行為を許さない」って？　あなたがたは、日本で十分スパイ行為をやってるじゃないですか。

金正恩守護霊　万一、米軍の特殊《とくしゅ》部隊が来て、彼らをさらって帰るようなことがあったとしてだね、「北朝鮮で何をされたか」っていうことを全部しゃべられたら、それを口実に、北朝鮮を攻《せ》めることだってできるわけだからね。

司会　あなたがたは悪いことをしてるんですから、そうなっても、しかたがないじゃないですか。

金正恩守護霊　国家防衛のためには、口封《ふう》じをしなきゃいけないでしょうが。

松島　そもそも、拉致しなければいい話じゃないですか！

司会　そうです！

金正恩守護霊　それは、軍事演習したんであって、だから、対象は……。

司会　軍事演習で、なぜ人をさらうんですか。

金正恩守護霊　あなたがただって軍事演習をしてるじゃないですか、いっぱい。

司会　北朝鮮の人を拉致してませんよ。

金正恩守護霊　まあ、第二次大戦に戻って、よーく考えてみようか。もう、朝鮮人が、どれだけ君たちの犠牲《ぎせい》になったか、よーく考えてみようか。そんなことを言えるような立場にあるかどうか、よーく考えてみようか。ずいぶん死んだぞぉ。

司会　当時の世界情勢は、今とは違います。

金正恩守護霊　特に悪い地域に送られ、いちばん死にやすいところに送られて、弾除《たまよ》けにされたんだよ。うーん。そんで、強制労働をいっぱいさせられたんだよ。北朝鮮の女性も、ずいぶん慰安婦《いあんふ》で連れていかれた。ええ？　どうしてくれる？　ねえ。反省をちゃんとしてないじゃないか。

司会　あなたは、その事実を知ってるんですか。

金正恩守護霊　ちょっと〝ゲスト〟で招いたけど、一人ぐらい、うまく適応できなかった人が出たぐらいで、何を言ってんだよ。小さい話を。

日本がなくなれば、北朝鮮は平和になる？

司会　戦前、日本ほど、朝鮮半島に対して、お金を投資した国はないですよ。

金正恩守護霊　そんなの、今、誰《だれ》も知ってる人なんか、いないんだよ。

司会　欧米《おうべい》の植民地だった国を見ると、宗主国《そうしゅこく》は、ほとんどお金を出していませんよ。

金正恩守護霊　それは、日本の右翼《うよく》の言論だよ。

司会　日本は、朝鮮半島にしても満州《まんしゅう》にしても、インフラを整えました。朝鮮の人たちに対して、高等教育も施《ほどこ》したわけですよ。欧米の植民地支配とは違うのです。

金正恩守護霊　インフラを整えてくれて、教育も整えてくれて、それで、こんなに貧しい国になるんかい？　それ、おっかしいじゃない？

司会　それは、あなたがたの問題です。終戦時は、日本も貧しかったんですよ。同じなんです。そのあとの問題なんです。あなたがたの努力の問題なんです。

金正恩守護霊　うーん。いや、それは、アメリカから、ものをもらったからじゃないか。

司会　植民地支配と言いつつも、日本ほど、インフラに投資した国はありません。

金正恩守護霊　ああ、それは、もう右翼の片寄った言論だ。

司会　右翼ではありません。あなたが知らないだけです。あなたが、どれだけ勉強したかは分かりませんが。

金正恩守護霊　被害と比べてみたら、日本がやったことなんか……。

松島　国際派の若きリーダーとして……。

金正恩守護霊　私は、国際派のリーダーですよ。

松島　今の話を、世界の方々にできますか。

金正恩守護霊　できます。できます。それは、もう、日本の悪事を数え上げることぐらい、できます。国際的に通用するよ。

司会　では、数え上げてください。

金正恩守護霊　もう、日本がなかったら、世界はどれだけ平和だったか。

司会　日本がなかったら……。

金正恩守護霊　世界は平和ですよ。

司会　いや、今の北朝鮮もなかったかもしれませんよ。

金正恩守護霊　日本が沈没《ちんぼつ》してくれたら、中国も北朝鮮も平和ですよ。日本がなかったら、第二次大戦だって、こんな悲惨《ひさん》な結果にならなかったし、アジアで一千万から二千万の人が死ぬこともなかったんだ。日本という国は早く海没《かいぼつ》すべきだったんだ。

松島　そんなことを言う国は、ごく少数です。

金正恩守護霊　われわれは、神に成り代わって、早く、日本という国をこの地上から消してしまわなきゃいけないと思ってる。

松島　では、ぜひ、そういう非常識な話を国連で言ってください。

金正恩守護霊　まあ、国連でも言いたいよね。ほんと。

北朝鮮はスイスと同じ〝永世中立国〟？

司会　ただし、今やっていることについては、あなたがたに正義はありません。

金正恩守護霊　いや。われわれがやっていることは……。

司会　人をさらって、人を殺す。

金正恩守護霊　いやいや。そんなことない。スイスと一緒《いっしょ》で武装はしているけども、戦争はしていないんであって、非武装中立、いや、武装中立してるんだよ。〝永世中立国〟なんだ。

司会　中立ではなくて、攻撃《こうげき》してるじゃないですか。

金正恩守護霊　いや、攻撃って……。

司会　日本の上空をかすめて、ミサイルを飛ばしているじゃないですか。

金正恩守護霊　いや、もっと戦力があるにもかかわらず、それを使ってないし、ミサイルを当てることもできるのに、外しているんだから、いかに平和な思想を持ってるか、分かるでしょうが。

司会　何もしていない国に対して、なぜ当てなくてはいけないんですか。

金正恩守護霊　だから、当てないように努力してるじゃないですか。わざと、日本の上空を飛ばしたり、日本海に落としたりして。一本百億とか二百億とかして、もったいないのに、むざむざとミサイルを海のなかに落としてるんだからさ。

司会　やめればいいじゃないですか。やめて、お金を食糧に回したらいいじゃないですか。

金正恩守護霊　そんなことはありませんよ。やっぱり日本みたいなとこが攻めてきたらいけない。

司会　あなたは、けっこう裕福《ゆうふく》な生活をしていたらしいですね。

金正恩守護霊　まあ、それは太ってるから、見れば分かるだろうが、そんなもん。

司会　日本のディズニーランドにも遊びに来たりしていますよね？

金正恩守護霊　日本人はみんな行けるんだから、別にいいじゃない。

司会　不法入国じゃないですか。

金正恩守護霊　そんなことはないよ。金《きん》なんていう名前の人は、いくらでもいるから分かんないじゃない？

司会　いや、それは不法入国です。

金正恩守護霊　いや、まあ、証拠はない。証拠はない。噂《うわさ》だけだ。証拠はない。

司会　来たのは事実ですよね？

金正恩守護霊　まあ、実際、行ったことは行ったけどね。まあまあ。いや、それは敵地視察であって、実際、行ったけども、日本に何も害は与《あた》えてないじゃないか。だから、ディズニーランドの売り上げが増えただけじゃないか。それは、いいことじゃないか。

司会　ただ、あなたには、日本という国に入る資格はないですよね？

金正恩守護霊　いや、そんなことないよ。やっぱり、よーく調べとかないと。日本人の考え方を、よーく調べとかないといけない。うーん。やっぱり、平時にできるだけ見ておいて、軍事のときに対応しなきゃいけないからね。どういうふうになっているか、日本のインフラをよく見とく必要がある。

7　今後数年間の構想を明かす

まず軍部を掌握《しょうあく》したい

司会　あなたの、今後数年間の構想を教えていただけますか。

金正恩守護霊　構想ね？　まあ、とにかく、国家存亡の危機で、私の代に、「国を護《まも》れるかどうか」がかかってるとは思っているよ。そのために、私はインテリとして教育され、国際派として育てられたわけだ。国の命運を託《たく》された男だよ。うん。「長男、次男がいて、三男が跡《あと》を継《つ》ぐ」っていうのは、よほどのことであるからしてね。儒教《じゅきょう》国である北朝鮮《きたちょうせん》において、そういうことがあるっちゅうのは、まあ、よほどのことだ。

司会　そうですね。

金正恩守護霊　まあ、天才であることは間違《まちが》いないと思っとる。

司会　お父様が亡くなったあと、周りの側近は、それを認めるでしょうか。

金正恩守護霊　うーん、まあ、頑張《がんば》らなければ、わしも殺される可能性はある。

司会　そうでしょう。危ないですね。

金正恩守護霊　頑張らなければ、殺されることはある。だから、民衆に殺される場合と、軍部に殺される場合と、あと、政敵に殺される場合があるな。

司会　殺されないために、あなたは何をしようとしていますか。

金正恩守護霊　だから、まず軍を掌握《しょうあく》して、中枢《ちゅうすう》部の近衛《このえ》部隊に、百パーセントの忠誠を誓《ちか》わせることだね。

司会　誓わせる？

金正恩守護霊　うん。これが大事だ。

あと、親父《おやじ》が生きてる間に、できるだけ実績をつくって、みんなを納得させないといけないな。

韓国《かんこく》の艦艇《かんてい》や海上保安庁の巡視艇《じゅんしてい》などへの攻撃《こうげき》を考えている

司会　実績とは何でしょうか。

金正恩守護霊　実績って、やっぱり軍事的実績だな。

司会　具体的には?

金正恩守護霊　具体的には、この前、哨戒艦《しょうかいかん》の沈没《ちんぼつ》があったけども、次は、やっぱり、北朝鮮の、そうだねえ、何らかの艦艇《かんてい》をできれば沈《しず》めたい。

司会　北朝鮮?　韓国《かんこく》の艦艇?

金正恩守護霊　あっ、北朝鮮じゃない。何言ってるんだ、私は。頭がおかしくなったな。あの、韓国です。言い間違えたよ。

韓国の何らかの艦船を沈めて、北朝鮮がやったのは分かってるけど、やってないと言い抜《ぬ》けることを、もう一回、やってみたい。
日本の自衛艦はちょっと強いかもしれないけど、海上保安庁の巡視艇《じゅんしてい》を沈めるぐらいだったら、やれると思ってるので、巡視艇を沈めてみたいし、あと、機雷《きらい》に触《ふ》れさせて潜水艦《せんすいかん》を沈めてみたいと思っています。

松島　どうして、それが実績になるんですか。

金正恩守護霊　国内的には、実績になります。

金正日《キムジョンイル》の寿命は、長くて五年

司会　それは、お父様が生きている間にやりたいですか。

金正恩守護霊　やりたい。

司会　金正日《キムジョンイル》氏は、あと、どのくらいの命と想定されていますか。

金正恩守護霊　そんな失礼なこと、君ね、儒教国家である北朝鮮が言うわけがないでしょ？

司会　いや、儒教国家と言いますが、平気で人を殺したりしてるんですから。

金正恩守護霊　儒教は年功序列を大事にするので、父には長生きしてもらいたいと思っております。

司会　ただ、医学的には、どのくらいと想定されているんですか。

金正恩守護霊　そうですね。まあ、長くて五年かな？

司会　長くて五年？

金正恩守護霊　うーん。

司会　では、五年の間に、それだけのことを成し遂《と》げたいと？

金正恩守護霊　中国と対等に交渉《こうしょう》できるところまでは成長しなきゃいけないな。

司会　なるほど。

8　金正恩守護霊は何者か

私は、過去世《かこぜ》で満州《まんしゅう》に生まれていた

司会　では、あと一つだけ、お伺《うかが》いします。あなたは、守護霊という存在であることを認識していますか。

金正恩守護霊　いや、私は、先ほどの温家宝《おんかほう》さんと違《ちが》ってね、守護霊は信じているんですよ。

司会　信じてる？

金正恩守護霊　「信じてる」っていうか、私が守護霊です。何言ってるんですか。

司会　あなたは、何と言う方なんですか。

金正恩守護霊　私はね、えー、えー、何と言うかって、金《きん》一族の守護霊ですよ。

司会　お名前は、ありませんか?

金正恩守護霊　名前は金ですよ。

司会　いやいや、もっと、昔のお名前は?

金正恩守護霊　ええ、金だったと思います。

司会　ずっと金ですか。

金正恩守護霊　ああ、金です。はい。

司会　どういうことを、なさっていたんですか。

金正恩守護霊　金は金であって、銀にはならないんです。

司会　(苦笑)どういうことを過去世《かこぜ》でなされていたんですか。

金正恩守護霊　いつも指導者だったような気がしますね。

司会　いつも、朝鮮《ちょうせん》半島にいた？

金正恩守護霊　ううん（首を傾《かし》げる）、うーん、満州《まんしゅう》にもいたような気がするなあ。

司会　満州にいた？

金正恩守護霊　うん。満州にもいたような気がするけどな。

司会　それはいつごろの時代ですか。

金正恩守護霊　うーん、直前だったかなあ。

司会　直前？　満州に？

金正恩守護霊　満州にいたような気がする。中国かな？　あれ？　でも、日本人がいたような気がするな。

司会　それは、満州国ですね。

金正恩守護霊　満州国ですか。

司会　はい。そのときに、金という名前だったんですね。

金正恩守護霊　うん、まあ、金っていうのは、君ね、清朝《しんちょう》の正当な支配者なんですからね。今は漢民族が支配してますけども。

司会　はい。

金正恩守護霊　満州族のほうは、金っていうのが、正当な支配者の名前であって、清の国は、その金王朝なんですよ。

司会　はい。

金正恩守護霊　だから、私は高貴な血筋なんです。

日本の軍人に殺されて、恨《うら》みを持っている

司会　そのときに、リーダーであったということですか。

金正恩守護霊　うーん、まあ、あんまり記憶《きおく》がはっきりしないけど、何だか、日本軍に殺されたような気もする。

司会　日本軍に殺された？

金正恩守護霊　うーん、殺されたような気がするな。

司会　ああ、それで恨《うら》みがあるんですね。

金正恩守護霊　うん、何か、突如《とつじょ》、寝込《ねこ》みを襲《おそ》われたような感じがする。

司会　ああ、そうなんですか。

金正恩守護霊　うーん。「けっこう、身分はあった」と思うんだが。

司会　身分は高かった？

金正恩守護霊　夜中に、ほんとに突如、軍人が、ドアを蹴破《けやぶ》り、機関銃《きかんじゅう》を持って入って来た。機関銃じゃなかったのかな？　あれは、何とか式って言う、先端《せんたん》に剣《けん》が付いている銃だよな。

あれを持って、赤線の入った帽子《ぼうし》をかぶった軍人が入って来て、家内と寝てるところを撃《う》たれた覚えがあるなあ。

私は、たぶん、何か、外交部に関係する仕事をしてたような気がするんだがなあ。

司会　なるほど。

金正恩守護霊　だから、私は、前世《ぜんせ》では、君らに殺されたんだよ。それで、悔《くや》しくて生まれ変わって、今……。

司会　そうなんですか。

金正恩守護霊　「復讐《ふくしゅう》したい」と思ってるよ。

白頭山《はくとうさん》のような所で、祀《まつ》られているような気がする

司会　お父様や、お祖父《じい》様は、関係のある方なんですか。

金正恩守護霊　はあ？　まあ、どこかで、あるんじゃないの？

司会　あまり、それは分からないんですね。

金正恩守護霊　やっぱり、選ばれて生まれたんだから、それは、私の素質に目をつけて呼んだんだろう。まあ、きっと縁《えん》はあると思うよ。

でも、「金一族ではあった」と思う。やっぱり、金だったような気がする。

司会　ご自身は、地獄《じごく》とか天国とか、そういう認識はできますか。

金正恩守護霊　うーん、まあ、かすかに分かる。

司会　今、どういう世界にいらっしゃるんですか。

金正恩守護霊　今？　今は、何だろうね。うーん、まあ、神様みたいなものなんじゃないかなあ。

司会　神様ですか。

金正恩守護霊　うん。まあ、祖父も神様だから、私も神様なんじゃないかな。

司会　どういう人たちがいる世界なんですか。

金正恩守護霊　祖父は、〝お釈迦《しゃか》様の生まれ変わりみたいな人〟だからね。

司会　どういう世界にいるんですか、今。

金正恩守護霊　え？

司会　どういう世界に。

金正恩守護霊　「どういう世界」って、どういうふうに言えばいいの？

司会　何が見えますか。

金正恩守護霊　うーん、だから、何か、祀《まつ》られてる感じがするよ。

司会　本当ですか。

金正恩守護霊　うーん。何か、こう、山の上で、白頭山《はくとうさん》のような所で、何か、祀られてる感じがするなあ。神様なんじゃないかなあ。

司会　戦ったりはしていないんですか。

金正恩守護霊　日本だって、軍神が、いっぱい、いらっしゃるんだろう？　まあ、そんな感じなんじゃないかな。

司会　そんな感じなんですか。

金正恩守護霊　うん。私は、北朝鮮の神様だよ。神様として、今、国家の防衛を担当してるんだ。

司会　なるほど。

金正恩守護霊　うーん。

〝北朝鮮の広開土王《こうかいどおう》〟になって、私の代で朝鮮半島を統一する

司会　「何のために生まれてきたか」という使命は、感じていますか。

金正恩守護霊　ああ、それは、朝鮮民族を滅《ほろ》ぼさないためだよ。やっぱり、この地上から消してはならないからね。気をつけないと消されてしまう。

松島　韓国《かんこく》とも戦おうとしていますよね。

金正恩守護霊　あ？　韓国？　戦うつもりじゃないんだよ。戦うつもりじゃない。国を大きくしようとしているだけであって、戦うつもりはない。

だから、君、あれじゃないか。韓国では、「冬のソナタ」じゃねえや、間違った。何だあ？　そうだよ。「太王四神記《たいおうしじんき》」だよ。そう。流行《はや》ったじゃない。日本でも流行ったんだよな、あれ。高句麗《こうくり》の広開土王《こうかいどおう》だよな。あれは北朝鮮なんだよ。実は、中心は北朝鮮なんだ。高句麗ちゅうのは、北朝鮮なんだよ。

だから、北朝鮮の英雄《えいゆう》なんだよ。広開土王は、北朝鮮の神様なんだよな。

あのドラマは、韓国がやったんだが、「あの広開土王っちゅうのが、私の過去世かもしらん」という気がするな。うん（会場沈黙《ちんもく》）。

嘘《うそ》だと思う？　うーん（会場笑）。（舌打ち）分かるか。しかたないな。まあ、でも、「指導霊かもしれない」と思わないか。指導霊のような気がするな。

あれはだな、韓国まで制圧して、さらに日本軍を追い払《はら》ったんだ。その広開土王が、英雄になって、ヒーローになってだね、日本で視聴率《しちょうりつ》上げて、評判になっている。ま、ペ・ヨンジュンがかっこいいのもあるかもしれないけど、わしも、あの広開土王みたいになりたいんだよ。

松島　「襲われて、それを排除《はいじょ》したなら、英雄になれる」でしょうが、「襲っていったら、ただの悪役にしかならない」と思います。

金正恩守護霊　まあ、分かった。

もし、私が朝鮮半島を統一し、統一朝鮮をつくって、初代皇帝か、国王になってごらんなさいよ。そらあ、やっぱり、広開土王並みに歴史に名前が遺《のこ》るよ。

松島　いやあ、それで、原爆《げんばく》を落として多くの人を殺したならば、もう神様になるどころではありません。

金正恩守護霊　だけど、朝鮮半島を統一するのは、朝鮮人の自治じゃないですか。日本やアメリカに口出しをされる必要はない。

司会　それは、この世をどうするかという以前に、そういう、魂《たましい》を踏《ふ》みにじるような、平気で人を殺すような、残虐《ざんぎゃく》な心を持っていたら、天国には還《かえ》れません。

金正恩守護霊　私は、神様だから、残虐じゃないよ。私は、人々を救う心でいっぱいだ。〝愛と慈悲《じひ》の塊《かたまり》〟だね。

司会　でも、心が痛みませんか。そうやって、人を拉致《らち》して。

金正恩守護霊　だから、まあ、国家の指導者にならなければ、私は、仏様になってるだろうな。

司会　人を拉致して殺すような人間は、仏様にはなれません。

金正恩守護霊　君ら、小さいことを大きく言いすぎるよ。

司会　いや、小さくないんですよ。

金正恩守護霊　「軍事演習なんだ」って、言ってるでしょ？

司会　あなたにとっては小さいかもしれませんけれども……。

金正恩守護霊　だからね、「カネのない国にとっては、人をさらうことが軍事演習になるんだ」っていうのが、分からんのか。

司会　それは山賊《さんぞく》の思想なんです。

金正恩守護霊　山賊じゃないの！　カネがあったら、そんな小さいことをしないで、もっと大きいことを、ちゃんとするのよ。

司会　ええ、まあ、だいたい分かりました。

金正恩守護霊　カネがあったら、正規軍をつくって、ちゃんと街ごと襲うんですから。

司会　ええ、分かりました。だいたい、北朝鮮の未来が見えました。

金正恩守護霊　私が目指してるのは広開土王だ。〝北朝鮮の広開土王〟になって、私の代で朝鮮半島を統一する。そして、中国と対等の関係を結んで、アメリカ、日本に備える。これが、私の使命ということだ。

北朝鮮は、世界の包囲網《ほういもう》によって、いじめられた被害者《ひがいしゃ》

司会　その前に、北朝鮮の人々に、食べる物も、きちんと与《あた》えてあげてください。

金正恩守護霊　それは、韓国から取る予定だから、大丈夫《だいじょうぶ》だよ。

司会　いや。取るのではなくて、自分たちで、生産できるような……。

金正恩守護霊　貢《みつ》がせるんだ。わし、言う言葉を間違えた。

司会　いやいや。

金正恩守護霊　貢がせるからね。

司会　自分たちで生産できるような国をつくってください。

金正恩守護霊　同じ朝鮮民族なのに、韓国だけ、あんなに豊かになって、不公平じゃないですか。

司会　いや、そんなことはないです。

金正恩守護霊　差がありすぎる。こういう不幸を、神は許してはならない。

松島　金一族の支配が、そうしたんじゃないですか。

金正恩守護霊　そんなことはありません。やっぱり、これは、何か悪《あ》しき影響《えいきょう》があったんですよ。

松島　世界は、「金一族の支配によって、そうなった」と見ています。

金正恩守護霊　北朝鮮は、世界の包囲網《ほういもう》によって、いじめられたんだ。われらが民主主義国家であることを理解できない国々が、悪意を持って、やったんだな。

松島　金一族の独裁がなければ、世界は、「民主主義」と認めてくれますよ。

金正恩守護霊　日本だって、鳩山《はとやま》一族の独裁とか、やってるじゃないですか。

松島　いえ。独裁ではないです。

金正恩守護霊　ああ？　私は三代目だよ。向こうは五代目だろう？　もう、五代もやってるんだ。な？

司会　あなたほど、ひどいことはしていませんから。

金正恩守護霊　ええ？

松島　わずかな期間しか、国家権力に就《つ》いていませんから。

金正恩守護霊　何代目でも、政治家になれるそうじゃないか。

松島　選挙で選ばれていますしね。

金正恩守護霊　だけど、いつも三代目ぐらいが首相になるんでしょう？　だから、一《いっ》緒《しょ》じゃない？　日本が民主主義国家なら、うちだって民主主義国家ですよ。

最後まで「反省」できなかった、金正恩守護霊

司会　ただ、拉致した人に対するお詫《わ》びは、やはり一言《ひとこと》、おっしゃったほうがよいと思います。

金正恩守護霊　いや。君たちは仏教系なんでしょう？　だから、この世の命は、はかないものなんだよ。諸行無常《しょぎょうむじょう》で、執着《しゅうちゃく》しちゃいけないよ。人は、いつかは、いずれ死ぬんだから、大事な命を、大事に散らすことが大事だよ。

司会　仏教には「反省」というものがありますから、反省はしないといけませんね。

金正恩守護霊　君ね、広開土王に「人を殺すな」って言ったって、無理だよ。「朝鮮半島の統一」っていう大目標のためには、そんな小さなことを言っちゃいけないんだ。

司会　はい。分かりました。

これから、国を治めるに当たっては、もっと慈悲の心を持って頑張《がんば》っていただきた

いと思います。

金正恩守護霊　まあ、次に会うときは、君が命乞《いのちご》いするシーンを見ることになるだろうな。ハッハッハ。

司会　はい、どうもありがとうございました。

大川隆法　はい、なかなか、しっかりした方で、もう、手の打ちようがございません（苦笑）。

あとがき

温家宝《おんかほう》首相の名前と温顔に迷わされて、我々は、ヘビに狙われているカエルであることを忘れていたようだ。彼（ら）の心の中には、もはや「日本」という国は地上に存在していないらしい。

そして、北朝鮮の三代目、金正恩《キムジョンウン》氏が、ペ・ヨンジュン主演の「太王四神記《たいおうしじんき》」の広開土王《こうかいどおう》の再来を目指して、朝鮮半島統一の野望を抱いているとは……。

本書によって、日本人の常識、日本の大マスコミの常識、民主党政権の中枢部の常識は、根底からくつがえされたと言ってよいであろう。

対策なくば、座《ざ》して死を待つのみである。

二〇一〇年　十月二十一日

幸福実現党創立者兼党名誉総裁《こうふくじつげんとうそうりつしゃけんとうめいよそうさい》　大川隆法《おおかわりゅうほう》

『温家宝守護霊が語る　大中華帝国の野望』　大川隆法著作関連書籍

『国家社会主義とは何か』（幸福の科学出版刊）
『アダム・スミス霊言による「新・国富論」』（同右）
『マルクス・毛沢東のスピリチュアル・メッセージ』（同右）
『人類に未来はあるのか』（同右）
『金正日守護霊の霊言』（同右）
『小沢一郎の本心に迫る』（幸福実現党刊）

温《おん》家《か》宝《ほう》守《しゅ》護《ご》霊《れい》が語《かた》る 大《だい》中《ちゅう》華《か》帝《てい》国《こく》の野《や》望《ぼう》

──同時収録　金正恩守護霊インタヴュー──

2010年11月4日　初版第1刷

著　者　　大《おお》川《かわ》隆《りゅう》法《ほう》

発　行　　幸福実現党
〒104-0061 東京都中央区銀座2丁目2番19号
TEL(03)3535-3777

発　売　　幸福の科学出版株式会社
〒142-0041 東京都品川区戸越1丁目6番7号
TEL(03)6384-3777
http://www.irhpress.co.jp/

印刷・製本　株式会社 堀内印刷所

落丁・乱丁本はおとりかえいたします

ISBN978-4-86395-087-0 C0030
Photo: AP/アフロ, 新華社/アフロ

幸福実現党
THE HAPPINESS REALIZATION PARTY

党員大募集!

あなたも 幸福実現党 の党員になりませんか。

未来を創る「幸福実現党」を支え、ともに行動する仲間になろう!

党員になると

○幸福実現党の理念と綱領、政策に賛同する 18 歳以上の方なら、どなたでもなることができます。党費は、一人年間 5,000 円です。
○資格期間は、党費を入金された日から 1 年間です。
○党員には、幸福実現党の機関紙が送付されます。

申し込み書は、下記、幸福実現党公式ホームページでダウンロードできます。

幸福実現党 本部　〒104-0061 東京都中央区銀座 2-2-19　TEL03-3535-3777　FAX03-3535-3778

幸福実現党のメールマガジン“Happiness Letter”の登録ができます。

動画で見る幸福実現党―幸福実現党チャンネルの紹介、党役員のブログの紹介も!

幸福実現党の最新情報や、政策が詳しくわかります!

幸福実現党公式ホームページ
http://www.hr-party.jp/
もしくは　幸福実現党　検索

幸福実現党

世界の潮流はこうなる

激震！中国の野望と民主党の最期

大川隆法　著

オバマの下で衰退していくアメリカ。帝国主義に取り憑かれた中国。世界の勢力図が変化する今、日本が生き残る道は、ただ一つ。孔子とキッシンジャー守護霊による緊急霊言。

第1章　孔子の霊言――政治編
第2章　キッシンジャー博士の守護霊予言

1,300円

小沢一郎の本心に迫る

守護霊リーディング

大川隆法　著

政界が、マスコミが、全国民が知りたかった、剛腕政治家の本心がここに。経済対策、外交問題、そして、政界再編構想までを語った、衝撃の１０９分。

- **中国に対する考え方**
- **二大政党制の真の狙い**
- **「壊し屋」と言われる本当の理由**
- **政界再編の見通しについて**　など

1,400円

発行　幸福実現党
発売　幸福の科学出版株式会社

大川隆法ベストセラーズ・中国と北朝鮮指導者の本心

アダム・スミス霊言による「新・国富論」

同時収録 鄧小平の霊言 改革開放の真実

国家の経済的発展を導いた、英国の経済学者と中国の政治家。霊界における境遇の明暗が、真の豊かさとは何かを克明に示す。

1,300 円

国家社会主義とは何か

公開霊言 ヒトラー・菅直人守護霊・胡錦濤守護霊・仙谷由人守護霊

民主党政権は、日米同盟を破棄し、日中同盟を目指す！？ 胡錦濤守護霊から、「大中華帝国」実現の野望も語られる。

1,500円

マルクス・毛沢東のスピリチュアル・メッセージ

衝撃の真実

共産主義の創唱者マルクスと中国の指導者・毛沢東。思想界の巨人としても世界に影響を与えた、彼らの死後の真価を問う。

1,500 円

金正日守護霊の霊言

日本侵略計画（金正日守護霊）vs. 日本亡国選択（鳩山由紀夫守護霊）

金正日の守護霊を招霊し、日本へのミサイル発射の真意や恐るべき北朝鮮の野望などについて訊いた、衝撃のインタヴュー。

1,000 円

幸福の科学出版株式会社

※表示価格は本体価格（税別）です。